中等职业教育通用基础教材系列

中职生青春期教育读本

主　编　刘世峰　李香青

副主编　聂跃旗　张爱东　韩　静

参　编　梁赛霞　田晶晶　王飞飞　张艺迈　都静丽
李　花　司怡宁　史玉君　尹　俏　常　萌
王昱茹　常玮杰　艾桃桃　刘培华　续梦晓
李珊珊　王鹤斐　杨毛毛

中国人民大学出版社

·北京·

图书在版编目（CIP）数据

中职生青春期教育读本 / 刘世峰，李香青主编. --北京：中国人民大学出版社，2020.8
中等职业教育通用基础教材系列
ISBN 978-7-300-27619-9
Ⅰ. ①中… Ⅱ. ①刘… ②李… Ⅲ. ①青春期-健康-教育-中等专业学校-教材 Ⅳ. ①G479

中国版本图书馆 CIP 数据核字（2020）第 150650 号

中等职业教育通用基础教材系列
中职生青春期教育读本
主 编 刘世峰 李香青
副主编 聂跃旗 张爱东 韩 静
参 编 梁赛霞 田晶晶 王飞飞 张艺迈 都静丽
李 花 司怡宁 史玉君 尹 俏 常 萌
王昱茹 常玮杰 艾桃桃 刘培华 续梦晓
李珊珊 王鹤斐 杨毛毛
Zhongzhisheng Qingchunqi Jiaoyu Duben

出版发行	中国人民大学出版社		
社 址	北京中关村大街 31 号	邮政编码	100080
电 话	010－62511242（总编室）		010－62511770（质管部）
	010－82501766（邮购部）		010－62514148（门市部）
	010－62515195（发行公司）		010－62515275（盗版举报）
网 址	http://www.crup.com.cn		
经 销	新华书店		
印 刷	北京瑞禾彩色印刷有限公司		
规 格	185 mm×260 mm 16 开本	版 次	2020 年 8 月第 1 版
印 张	8.75	印 次	2020 年 8 月第 1 次印刷
字 数	166 000	定 价	39.00 元

写给同学们的话

从十一二岁开始，同学们开始步入人生一个非常重要的时期——青春期。伴随着青春的美好与希望，接踵而来的是青春期的诸多困惑：对身体发育成熟的不知所措；与人交往的渴望与胆怯；学习的压力与懵懂的情感产生的冲突……这些问题会一直伴随着你们，直至十八九岁。

青春对于你们来说，不仅是希望，也是挑战。学会正确处理青春期遇到的各种问题，是与学习同样重要的事情。坦然接受身体的变化、认识并调控自我、学习与人交往的艺术、把握朦胧的青春情感、抵制不良诱惑的侵袭，是每个中职生面临的重要任务。如果能很好地处理这些问题，从容应对这些挑战，就会顺利进入人生的下一阶段。

本书编者拥有多年从事中等职业院校德育及心理健康教育的工作经验，并长期致力于使学生获得更好的发展。本书从中职生的实际需求出发，精选青春期生理、心理、自我保护等方面的知识，选取大家身边的案例、有趣的故事、精彩的活动，让你们爱读、乐学、肯用。希望这本书能够对同学们的学习、生活有所帮助，也能对你们的行为起到指导作用。

衷心地希望这本书能够得到同学们的喜爱，也能对大家有所助益！祝福你们拥有一个幸福、快乐、成功的人生！

目录

第一章 青春期的烦恼——男生篇

第一节　少年心事向谁说

心海导航

12 岁的小航最近非常苦恼，学校要举行演讲比赛，这是他的强项，可是他不想参加。因为他发现自己原本清亮的嗓音变得又粗又哑，脖子上还莫名其妙地突起了一块软骨，看起来很别扭。除此之外，他还发现自己身体的其他部分也开始出现很多变化。比如：腋窝、腿部等地方都长出一些体毛，乳房也开始变得硬硬的，还有一些刺痛的感觉，这让他感到很羞耻。

男孩进入青春期后，身体会发生很大变化。面对这些身体上的变化，男孩们会出现不同的心理变化，如变得羞涩或焦虑等。如果这时男孩们能了解一些自身发育的基本知识，就能坦然面对自己身体的变化了。

心灵智慧

男孩一般在十一二岁开始进入青春期，这一时期是男孩身体和心理都逐渐发育成熟，人生观、价值观和个性等都逐渐定型的重要时期。

进入青春期后，男孩身体上的变化主要体现在第二性征的出现，具体包括长出喉结、体毛，出现遗精，阴茎勃起等。

一、喉结

1. 男孩喉结的发育

青春期，人体的一个重要变化是喉的发育。喉是人的发声器官，位于颈部，由软骨、韧带、肌肉和黏膜组成。喉咙的软骨共有 11 块，其中最主要、体积最大的一块叫甲状软骨。胎儿在两个月时，喉软骨开始发育，出生后 5～6 年内，每年仍在生长。但从 5～6 岁到青春期这一时期内，喉软骨生长基本停止。通常而言，在青春期前，男性和女性喉结的发育状况差别不大，嗓音也没有多大区别。但到青春期，男性的喉结在雄性激素的作用下迅速增大，位于颈部的甲状软骨向前方突出，使喉结的前后径增加将近一倍，发声随之变为低沉的男性音，而女性的喉结无明显增大，发声变为尖细的女性音。

2. 喉结的作用

喉结对人体来说并没有什么实际功能，但它体现了性激素分泌对人体产生的不同影响。男孩在青春发育阶段出现喉结，喉结的作用就是使声音变粗，突出男性的一种发育特征。

二、体毛

进入青春期，男孩的各种体毛都会变得更加浓密，最明显的体毛变化就是长出阴毛和腋毛，还会长出胡须。男孩的这三种体毛，都是伴随性发育而出现的第二性征，也是男子汉的标志。

1. 男孩体毛的发育

通常男孩阴毛、腋毛的发育比女孩晚一年。一般情况下，男孩最先长体毛的部位在阴部，与阴毛相比，腋毛的出现要晚一年左右。男孩的胡须一般首先出现在上唇两侧，然后依次扩展到上唇中部、脸颊和下唇中部，最后扩展到下颌。

青春期，男孩的阴毛不只局限于生殖器周围，还会扩展到大腿内侧、耻骨联合部位、肛门周围等。

2. 体毛的作用

阴毛能对身体起到一定的保护作用，它能够减少衣物对该部位身体器官的摩擦，保持通风，能够吸收这些部位分泌出来的汗和黏液，向周围发散，避免阴部过于潮湿，有利于身体健康。

腋毛的作用包括：一是可以对生长腋毛的部位进行遮挡和保护，使腋窝不受外来细菌和灰尘的侵袭；二是可以缓解摩擦。当手臂运动时，腋窝处牵拉着周围皮肤摩擦，腋毛可缓解皮肤摩擦，使腋窝皮肤不被擦伤。

除了这些，男孩在进入青春期以后，胳膊上、腿上会长出许多很重的汗毛。相对而言，有的男孩汗毛偏轻，只在皮肤表面有一层淡淡的汗毛；有的男孩汗毛偏重，在整个胸部、背部、腹部、手臂、腿部等部位，甚至脸部都会布满密密麻麻的汗毛。这种差别是由种族和遗传因素决定的。

三、遗精

1. 什么是遗精

随着身体的不断发育，男孩的生殖器官也逐渐趋于成熟。睾丸所产生的精子越来越多，经过不断地积累，当达到一种饱和状态时，它就会通过遗精的方式排出体外，这就是常说的“精满自溢”。遗精一般是指在睡梦中排出精液，因此也叫“梦遗”，是男孩青春期发育的正常现象。从理论上说，男孩这时候已经具有繁衍下一代的能力了。

2. 遗精发生的年龄及频率

男孩首次遗精的平均年龄为 13～15 岁，11～18 岁均可首次出现。用科学的角度看，遗精其实是一个正常的生理现象。遗精现象分为两种情况，即生理性遗精和病理性遗精。如果遗精次数为一周两次或是更长时间一次，身体没有伴随任何不适症状，那么基本上属于生理性遗精。生理性遗精对身体没有任何损害，也不会影响学习和生活。但是，如果遗精次数过于频繁，一周数次或是一夜数次，清醒状态下因为性意念而引发遗精，这样的遗精现象就属于病理性遗精，应该引起足够的重视并及时接受相应的治疗。

当然，遗精这种现象并没有规律可循。有人曾经做过调查，遗精现象因人而异，与家庭经济状况或受教育程度也有一定关系。

3. 出现遗精莫害羞

遗精属于男性性发育的正常生理现象，是身体成熟的标志。男孩出现遗精现象不要害羞，要学习一些青春期的生理常识，保护性发育的正常进行。

首先，要正确认识遗精现象。遗精属于正常的生理现象，不要为此忧心忡忡，继而给自己增加精神负担。即使属于病理性遗精，也依然有方法治疗。千万不要病急乱投医，听信一些小广告而慌乱地接受不正规的治疗，这样做的后果是很严重的。

其次，要采用正确的姿势睡觉。睡觉时可以采取侧卧位，避免仰卧，这样能够减少手或被子对生殖器的压力；尽量不要穿过于紧身的裤子，因为裤子过紧，生殖器容易受到刺激，这样就很容易引起性兴奋而遗精。

最后，要养成良好的生活习惯。不要频繁地与烟、酒、茶、咖啡等接触；不要看黄色书刊、影视片，不浏览黄色网站，要通过正当途径了解性知识；晚上睡觉前尽量不要用热水洗浴，可选择冷水浴，这样可以降低性神经的兴奋度。

四、阴茎勃起

1. 阴茎勃起的原因

在男性的阴茎内部有三根长海绵体，其中两根位于阴茎的背侧，组成阴茎干的大部分；另一根位于这两根的下方，即阴茎的腹侧，主要是尿道穿过的地方。海绵体是一种松软的类似于海绵状的组织，内部有许多血管丛，它们都有朝一个方向开放的活塞瓣膜装置，起类似阀门的作用。当男性出现性兴奋时，阴茎内的瓣膜就会自动关闭，同时血管丛在神经兴奋的作用下扩张，血液便大量流入阴茎，血液只能进不能出，海绵体就会膨胀、肿大，阴茎就勃起变硬。

阴茎勃起在持续十几分钟后，在不持续刺激的情况下会自行消解。此外，在射精的情况下会使阴茎内动脉收缩，血液流入减少，瓣膜开放，静脉回流增加，海绵体变小，阴茎又恢复原状，这就是阴茎能硬能软的原因。

阴茎勃起是男性的一种本能活动，它受生理和心理双重因素的影响。

从生理角度而言，任何年龄段的男性都会出现阴茎勃起现象。青春期男孩更为明显，每晚可勃起六次左右，每次持续 20～30 分钟；青壮年男子每晚平均 1～1.5 小时勃起一次，中年以后次数逐渐减少。

从心理角度而言，青春期男孩随着身体的发育、性意识的萌发和性激素分泌的增多，会产生一定的性要求，当受到性刺激时，阴茎就会勃起。

健康男性的阴茎，除了在性刺激和某种外界刺激作用下会勃起外，通常处于松弛状态。处于青春期的男孩，由于性意识的觉醒和性心理的萌发，很容易产生性冲动和性欲望，其阴茎在性兴奋的作用下就会不由自主地勃起。

2. 正确对待阴茎勃起

首先，要坦然面对。青春期男孩阴茎勃起是非常正常的现象，不是什么可耻的行为，而是身心成长的一种表现。男孩要坦然面对自己身体的成长，不要有过重的心理负担。同时，不要过分关注它，否则会进一步把注意力引向性兴奋状态，更易使其勃起。如果在公共场合出现阴茎勃起，不要过于惊慌，要尽快将自己的注意力转移到别的事情上，这种现象就会消失。

其次，要减少性刺激。阴茎勃起最直接的原因就是性刺激，频繁的性刺激会造成过度的性兴奋，引起阴茎频繁勃起，这对青少年有一定的害处。如果生殖器长期处于充血状态，容易诱发前列腺炎，还会消耗男孩很多精力，加重其心理负担。因此，处于青春期的男孩，减少性刺激是减少阴茎突然勃起的好办法。比如少看带有色情内容的书刊、影视剧、网页等，不过度沉溺于性幻想中，不穿紧身衣裤，内裤要宽松，以免频繁摩擦生殖器，不要随意玩弄生殖器等。

最后，要丰富自己的生活。青春期的男孩精力充沛，如果兴趣广泛，活动丰富，旺盛的精力就会被转移、分散，得到有效的释放，就不会将注意力过多地集中在性问题上。因此，青春期男孩要多参加一些文体活动，将注意力集中到学习和有益身心的活动中，从而避免过多性兴奋引发频繁的阴茎勃起。

心理视角

我是不是“坏男孩”?

小东是一名初二的学生，长得高大帅气。最近，班上转来一位漂亮的女生小西，并和他成了同桌。小西不仅人长得漂亮，而且活泼热情，这让小东对其产生了朦胧的好感。有一次，小西主动和小东说了几句话，这让小东心花怒放。晚上回到家，小东吃过晚饭后就躲进自己的小房间，开始回忆与小西交谈的每一个细节，一想起小西的眼神和笑容，小东觉得自己的“小弟弟”突然变得坚挺起来，同时感到了莫名的兴奋。之后的很多天晚上，只要小东一闲下来，就会想起小西。

后来，小东在电视、杂志或者网站上看到某个漂亮女孩时，也会产生这种生理反应，这让小东很是烦恼，他开始怀疑自己是不是“不正经”，还担心自己是“坏男孩”。

【感悟】对处于性意识骚动期的健康男孩，阴茎勃起是正常的现象，与道德品质没有关系。有的男孩会在夜间阴茎勃起，或者在早上起床时勃起，甚至在公共场合也会勃起。青春期的男孩要正确看待这一正常的生理现象，养成良好的生活习惯，培养多方面的兴趣和爱好，顺利度过青春期。

遗精了，我该怎么办?

最近，在校园里，我总是喜欢盯着女孩子的胸部和臀部看，并且喜欢胡思乱想。这使我每天心事重重，看见女孩子就感到害羞，赶紧低下头。

糟糕的事还不止这些，一天夜里，我在一阵激动后醒过来，发现内裤全湿了。开始，我以为自己尿床了，可是床上并没有湿，而且内裤上的东西摸着也不像尿液，黏黏糊糊的。我不知道这是怎么回事，只是隐约有点不好意思。为了不让父母知道，我悄悄地把内裤换下来洗了。

有一天，天刚亮，我蹑手蹑脚地准备到卫生间洗内裤。没想到，妈妈也起床了，她看着我，又看看我手里拿着的内裤就明白是怎么回事了。看着我窘迫的样子，妈妈派爸爸来给我“上课”。

【感悟】据调查，17～18 岁的男孩有 90%以上发生过梦遗。遗精是正常的生理现象，是身体成熟的重要标志。出现遗精并不是不道德的事情，不要遮遮掩掩，更没有必要恐慌。正确看待这一生理现象，养成良好的生活习惯，顺利度过这一特殊时期。

趣味测试

下列说法正确吗？如果正确，在题后的括号里打“√”，错误的则打“×”。

1. 阴茎的大小是男性成熟的标志之一。（　）
2. 阴茎小会影响结婚生子。（　）
3. 喉结大会影响正常的吃饭、喝水。（　）
4. 处于变声期的男孩要注意用嗓卫生，多吃富含蛋白质的食物，少吃酸、辣、苦等有刺激性的食物。（　）
5. 小林要求妈妈给自己买紧身裤，因为穿起来很帅。（　）
6. 过年到亲戚家做客，亲戚请我们喝酒，我们要欣然接受。（　）
7. 青春期的男孩要经常清洗外阴，勤换内裤。（　）
8. 男孩要穿紧身的内裤，以防运动时受到损害。（　）
9. 青春期的男孩要多参加体育锻炼，这样旺盛的精力就会得到释放。（　）
10. 男孩睡觉时要尽可能采用仰卧的姿势。（　）

心灵训练

由于青春期性的生理特点，男孩会出现性冲动、性需求，这是一种正常的生理现象，是一种本能。但是，中学生还未达到法定结婚年龄，这就产生了矛盾。要想解决这个问题，就需要用道德、意志力来控制本能的性冲动。你可以通过以下方法来控制自己的性冲动：

1. 通过健康的方式获取性知识。进入青春期，青少年对性知识产生了强烈的好奇。由于家庭教育和学校教育对这部分知识的缺乏，青少年基本靠从网络世界中获取自己想要知道的东西。可是，网络上的不良内容太多，青少年自制力不强，很容易被误导。因此，可以通过科普书籍逐渐了解性知识，在绿色健康的环境中健康成长。

2. 培养良好的生活习惯。青少年要自觉养成良好的生活习惯，这样可以有效控制性冲动。要严格遵守生活作息制度，不看有关色情、惊险及暴力的书刊及音像制品。睡觉要采用侧卧的姿势，减少对外生殖器的压迫和摩擦，有益于控制性兴奋及性冲动。

3. 多参加体育运动。参与体育运动是青少年转移性冲动的最佳方式，可以选择跑步、游泳、打球或是登山。运动的时候肌肉是紧张的，神经却是放松的。当青少年把精力用在体育运动上时，就很少出现性幻想，也会以更加充沛的精力投入有意义的事情上去。

4. 保持正常的异性交往。在日常的生活和学习中，要自然地、坦率地与异性交往。时刻保持冷静，用理智克制自己的感情，决不能把纯洁友谊的升华当作情感上的转移，这对于抑制性冲动也是有一定作用的。

5. 在日记中吐露心事。写日记是一个很好的方法，当你有了心事，又不便对他人提起时，便可以用笔记下来。在写日记的过程中，你会感到情绪渐渐稳定下来，当初的激动已经不见了。

第二节　怎样的青春叫“帅气”？

心海导航

最近，上初二的小军变得十分爱臭美，每当他看到电视上那些帅气的男生出现时，他总是羡慕不已，并且希望自己可以和他们一样帅气。然而，他的脸上却冒出了一些恼人的青春痘。当他照镜子看到这些痘痘时，很是烦闷，因为这严重影响了自己的帅气形象，阻挡了自己向“小鲜肉”行列迈进的步伐。除此之外，他发现自己身上的汗臭味比以前明显了，尤其是在运动完之后。处于青春期敏感的小军越来越讨厌自己身上的这些变化，同时变得越来越不自信，他甚至都不敢和同学们走得太近，生怕他们会嫌弃自己身上的异味。他还偷偷买了香水往自己身上喷，依然无济于事。这对于十分在意自己形象的小军来说，是难以接受的。于是他整天闷闷不乐，提不起精神做任何事情，因为他觉得这些变化影响了自己的“帅气”，自己也不再有魅力了。

从进入青春期开始，男孩的身体会发生一些变化，有的变化在他们看来是影响他们帅气的“元凶”，其中很明显的就是青春痘和汗臭味。随之而来，他们在心理上也会变得焦虑和无所适从。那么，对于青春期的男孩来说，究竟应该怎样应对这些恼人的变化呢？真正“帅气”的青春又是什么样的呢？

心灵智慧

一、影响男孩们帅气的“元凶”

1. 恼人的青春痘

青春痘，医学名称是痤疮。之所以叫它们为青春痘，是因为它们的高发期是青春期。处于青春期的男孩，很容易在脸上、背上、胳膊上等身体部位长出青春痘。初起为粉刺，有白头粉刺与黑头粉刺两种，内含角质及皮脂。对于处在青春期的男孩来说，他们会因为脸上的青春痘而烦恼，因为这影响了他们的形象。那么，应该如何战胜青春痘呢？

第一，要温和地对待你的皮肤。不要用手抓挠和挤压青春痘，这样不仅对治疗青春痘无济于事，还会在脸上留下难看的、不易去除的疤痕。不要用力搓洗你的皮肤，拼命地搓洗只会使皮肤分泌更多的油脂，使青春痘更加严重。

第二，使用具有控制、清洁油脂功能的护肤品。以往的油性肌肤护肤品大多只能洗掉脸上过多的油脂，而现在的油性肌肤护肤品已有控制、清洁油脂的功能，它们利用生化或植物成分深入皮肤底层，控制皮脂腺的分泌机能，并在皮肤表面“吸油”，将油脂进行转化，同时收缩毛孔，使油脂分泌量降低。

第三，要注意个人卫生。个人的卫生习惯决定了青春痘在脸上停留的时间。如果青春痘长在下颚和嘴角，最好不要穿有衣领的衣服。衣领是藏污纳垢的地方，极易和下颚摩擦而使青春痘加重。另外，可将头发梳在脑后，不要留刘海，以免头发上的灰尘和油污感染青春痘。

第四，找出诱发青春痘的原因，对症下药。出现青春痘时最好去看医生，让医生帮你找出引发或加重青春痘的原因。唯有找出诱因，才能有效地控制青春痘的泛滥。由于个人的具体情况不同，青春痘的轻重程度亦有所不同，所以治疗青春痘时，不能千篇一律，不要指望一种治疗方法可以运用于所有人、所有类型的青春痘。

第五，注意合理饮食。要少食甜、多脂及辛辣刺激食物；避免饮酒，宜多饮水；多吃新鲜蔬菜与水果，避免大便秘结；清淡饮食，减少接触诱发青春痘的因素。

第六，保持心情愉悦。处于青春期时，男孩的情绪较不稳定、敏感、易受刺激，而且此时尤其注意容貌，因此长了青春痘极为苦闷，求治心切，常胡乱用药或采取不适当措施。青少年要学会正确对待青春痘，同时保持心情的愉悦和平和，才能让自己在冷静中寻求到适合自己的治疗方法，更快、更高效地解决这一恼人的问题。

2. 难闻的汗臭味

许多人都错以为出汗多便会产生臭味，但其实两者并无直接的关系。实际上，出汗对身体的健康有益，因为体内的废物及水分能随汗液排出体外，从而促进新陈代谢，同时亦能调节体温。汗液本身并无气味，但当汗液与皮肤表面的细菌混合后便会产生臭味。身体的某些部位如腋窝、脚部及腹股等，细菌容易积聚，汗腺较多，故汗液较难蒸发，气味亦较浓烈。

医学研究表明，汗臭味多与肝脏有关。肝脏负责处理和分解有毒物质，如日常饮食中的煎炸食物及烟酒等，均令体内积聚不少有毒物质，加重肝脏负担，造成肝热。出汗是排毒的一种途径，故肝热者的汗多且有异味。而且肝热者的体温较一般人高，故较容易出汗，汗水亦多呈赤黄色。

那么如何赶走汗臭味呢？首先，定期清洗是去除汗臭味、恢复自身体香最简单且行之有效的方法。当你沐浴的时候，不必用力搓洗，只需洗去油脂和细菌，因为用力搓洗会使皮肤受到刺激，使更多的细菌滋生。在清洗的时候最好使用抗菌香皂，这样不但能够洗去身上的油脂，而且能够有效杀灭细菌。清洗过后，使用有止汗作用的香体露也是一个有效去除汗臭味的方法。

另外，要注意日常的饮食，少进食易引起肝热的食物，例如煎炸、辛辣的食物。一些味道较浓烈的食物，如咖喱、大蒜及香料等亦要避免。若是汗臭味较浓，也可能是身体某些器官出现了问题，此时要去看医生，对症下药，用适当的药物进行调理。

二、“帅气”的青春

1. 得体的着装

真正得体的着装不是很多青少年以为的那样紧跟时代潮流，斥巨资购买的所谓

“爆款”甚至限量版的衣服，而是在自己能承受的价格范围内穿着适合自己的简单大方、干净整洁的衣服。此时，青春的帅气是干净整洁的衣服在阳光下随微风飘来的淡淡的香味。

2. 得体的举止

得体的举止体现在生活、学习中的方方面面。可以是同学需要帮助时伸出的那双援助之手；可以是将垃圾扔进垃圾桶的文明行为和对他人劳动成果的尊重；可以是公交车上为有需要的人让座的那一份贴心和温暖；可以是尽力做好自己分内之事而不麻烦他人的体谅。此时，青春的帅气是得体的举止带来的让人如沐春风的温暖。

3. 美好的品格

从古到今，有很多男性被称为国民偶像或者“男神”。说到这，我不禁想起了一位享誉世界的帅气人物，那就是我们敬爱的周总理。从少时“为中华崛起而读书”的志向高远到一次次在国际舞台上为中国赢得尊重和喝彩的聪明睿智，从对广大人民的拳拳之心到对祖国建设的鞠躬尽瘁，周总理的帅气在于他的睿智、果敢和对国家、对人民的大爱。这样的帅气不会随着青春的逝去而流逝，这样的帅气就像陈年的老酒，在时间的淬炼中历久弥香。

4. 坚强的信念

“苔花如米小，也学牡丹开。”这是清代诗人袁枚创作的一首关于苔的诗中的其中两句。诗的前两句描述了在“白日不到处”这样不宜生命成长的地方，苔却长出了绿意，展现了自己旺盛的生命力，而这旺盛的生命力是苔靠自己的努力，冲破环境的重重阻碍创造出来的。苔花，世人眼中这种细小低微的物种“也学牡丹开”，这种力量带给世人更多感动，而这种力量正是源自苔强大的意志。米粒般大小的苔花能通过自己坚强的意志彰显出自己独特的魅力，青春期的男孩更是可以通过自己的坚强意志彰显出自己的魅力，让自己的青春无悔且多彩！

心理视角

我是不是那个让你心动的“帅酷仔”？

新学期开学伊始，班里一位一直以“乖乖男”形象示人的男孩突然风格大变，他不仅开始穿着颜色艳丽的衣服，顶着梨花烫的头发，随时随地拿出他的“黑超”戴上，而且原来阳光爱笑的他开始不苟言笑起来。注意到了他的变化，我在某天下了晚自习后把他叫到办公室和他谈心。我先是不经意地谈起最近流行的游戏和歌曲，慢慢谈到他喜欢的男偶像和他对“流行”的理解。直到最后，我们开始就他的着装和言行进行了一番和“流行”的对接。随着和他的深入交谈，我逐渐发现了他改变的秘密。原来，他的一段朦胧的感情最近“夭折”了。而他单方面认为是自己之前从着装到行为都太过乖巧，所以才让那个和自己有“朦胧感情”的姑娘离开了自己。于是，在痛定思痛之后，他决定改变自己——从外形到行为。假期里，他开始琢磨电视里他认为帅酷的那些人的着装和举止。经过一个假期的研究，自认为已经掌握精髓的他就以这样一副新形象出现在了大家面前。了解了他转变背后的故事，我和他又进行了一番深入的交流。我们从青春期异性之间朦胧的情愫聊到男子演唱组合 TFBOYS；从各自的偶像聊到闲暇时光的爱好；又聊到了因睿智表现而大火的撒贝宁、朱广权和康辉。在一次次的思想碰撞中，这个曾经阳光的男孩时而点头赞许、时而低头思考。最后他露出洁白的牙齿笑道：“老师，跟您聊天真有意思，而且收获不小，今天您先早点休息，改天再来和您聊天。”接下来的一段时间，我看到他戴“黑超”的次数越来越少，读书的次数越来越多，那些夸张颜色的衣服也很久没有再见他穿过了。

【感悟】是不是很多男孩都如案例中这个男孩想的那样，认为只要自己像影视剧中那些“吸睛”的人物一样，穿上时尚绚丽的衣服，学着他们的样子装酷耍帅就是帅气和有魅力呢？其实不然，因为真正的帅气不仅仅是炫酷的着装和帅气的脸庞，更是涵盖了从得体的言行到美好的品格和丰富的内涵所散发出的由内而外的教养的魅力。

偶像的力量

2018 年，一部《香蜜沉沉烬如霜》火遍了大江南北，饰演男主角的邓伦更是火得一塌糊涂。在“大火”之后，这位曾经在跑龙套时依然坚持自己梦想的大男孩依然脚踏实地地发展自己的演艺事业。他对待工作人员和身边的人依然谦虚、礼貌，对待自己的工作依旧用心、认真。之前，邓伦去国外参加时装周，被“粉丝”在街头偶遇。邓伦与工作人员一起过马路，旁边一位外国老爷爷不知在思考什么并未注意到行驶过来的汽车。在即将被撞到的时候，邓伦没有丝毫犹豫地立即将老爷爷拉回来，避免了一场车祸的发生。在新型冠状病毒肺炎肆虐时，邓伦第一时间捐款助力，很多“粉丝”也在他的影响下积极捐款。这样的他向我们传递了榜样的正能量，也用自己的言行诠释了优质偶像的力量。

【感悟】当下，很多帅气的“小鲜肉”成了大家竞相追逐的偶像，他们或风度翩翩，或才艺过人。笔者认为，真正的帅气不是脸上的胶原蛋白和分泌的荷尔蒙，不是舞台上征服众人的出类拔萃，真正的帅气集合了善良、睿智、勇敢、坚定等美好的品格，因为这些美好，一个人的青春才会熠熠闪光且经久不衰。而青春，这个最美的年华，正是不断积累、不断提升的最好时机。青春期的男孩应该努力上进，不断超越自我，用汗水和努力拼搏未来，用善良和坚持影响身边的人，他们最大的“帅气”来源于对知识的追求和对美好品格的塑造。

趣味测试

下列说法正确吗？如果正确，在题后的括号里打“√”，错误的打“×”。

1. 装酷耍帅是男孩成熟的标志之一，他们可以通过文身等方式装酷。（ ）
2. 抽烟对男孩来说是一种酷的象征，可以帮他们更快地融入集体。（ ）
3. 吸引人眼球的发型是时尚的标准。（ ）
4. 处于青春期的男孩应该用智慧来解决争端，以显示自己的睿智、胆识和魅力。（ ）
5. 小林要求妈妈给自己买限量版衣服，这样大家就会看得起他。（ ）
6. 我们应该崇拜长得帅的明星，因为他们养眼。（ ）
7. 我们要经常运动且在运动后及时清洁身体。（ ）
8. 面对长出来的小痘痘，我们应该将它们挤爆。（ ）
9. 青春期的男孩要多参加体育锻炼，在运动场上挥洒汗水，学会坚持，磨炼心智。（ ）
10. 男孩们应该团结互助，共同进步。（ ）

心灵训练

青少年在成长过程中会遇到很多困扰自己的形象问题，当青少年遇到这些问题时，他们可以尝试用以下方法获得身心的宁静和成长：

运动。这里的运动包括很多种，可以是力量型的运动，比如长跑、打球、健身等，也可以是智力型的运动，包括下棋、绘画等。从事力量型的运动，可以让处于青春期的青少年拥有健康的体魄和健美的身材，这对他们来说，是显性的帅气呈现。从事智力型的运动，可以让他们思维更加敏捷，心性更加平和，这为他们的帅气多了一份智慧的加持。

阅读。古人云：“书中自有黄金屋，书中自有颜如玉”，这句话是有道理的。多读书，读好书，于女子而言，可以培养其腹有诗书气自华的典雅，于男子而言，可以铸就其君子世无双的温润气质，这样的气质会为他们的帅气多一份内涵的加持。

与人为善。我们常说“赠人玫瑰，手有余香”，在别人需要帮助时，伸出你的援助之手，多一份关心给人，留一份舒心于己。俗话说“爱出者爱返，福往者福来”，当我们真诚地对待别人，与别人友好相处时，别人也会报以我们同样的友好与真诚。这样，我们不仅可以因与人为善而感受到更多快乐，更会因这份真诚收获更多的友谊。这些善良、快乐和友谊都能帮助青少年在最好的年华成就内外兼修、更好更帅气的自己。

青少年是祖国的未来，他们应该在健康的运动中强健自己的体魄，同时锤炼自己的意志和培养自己永不放弃的精神；他们应该在书海中刻苦钻研，努力学习，用知识武装自己的头脑；他们应该在最美好的年华不断以古今中外之圣贤为榜样努力奋斗。这样的青春才是最美的青春，这样的少年才是阳光下最耀眼的帅气少年！

第二章 青春期的烦恼——女生篇

第一节　解开你的青春密码

心海导航

有一天，媛媛一觉醒来后，发现自己的内裤和床单上沾了很多血，惊慌失措的媛媛害怕极了，她以为自己得了什么怪病，心情瞬间跌到了谷底。从那天起，这个“怪病”每个月都会按时“光顾”。除此之外，媛媛发现自己胸部隆起，乳房增大。在妈妈的帮助下，她穿上了“与众不同”的“内衣”，害羞的她怕被别人发现，再也不敢穿紧身的衣服，总是含胸驼背，十分难为情，她羡慕那些胸部“正常”的女同学可以毫无顾忌地在体育课上蹦蹦跳跳……媛媛变得越来越自卑，逐渐与同学疏远，整天变得忧心忡忡、郁郁寡欢。

媛媛和青春期的少女们，当你们的身体有这些变化时，说明你们的第一性征和第二性征已基本发育成熟，换句话说，你们已经成为一个大人了，首先要恭喜你们哦！我们要正确看待这些变化，接下来，让我们一起认识作为女性的自己吧！

心灵智慧

一、什么是女性的第二性征?

女性的第二性征是指除生殖器官以外，女性所特有的征象，是在雌性激素作用下形成的。这包括身高、体重的增加，音调变高，乳房丰满而隆起，出现腋毛及阴毛，骨盆横径的发育大于前后径的发育，胸、肩部的皮下脂肪变多。女性第二性征的发育显现出了女性特有的体态，是正常的生长规律，同学们不必为此感到害羞或者焦虑。

二、女性第二性征的主要特点

1. 乳房发育

当青春期到来的时候，女性的乳房受卵巢分泌激素的影响呈周期性变化。青春期，在雌激素的作用下，内外生殖器官有明显发育，乳房增生加速，腺体开始发育，乳头、乳晕相继增大且颜色加深。进入青春期一年后，整个乳房呈盘状，一般到了月经刚开始时，乳房的发育才趋于完善，形状多呈半球状。乳房是女性的哺乳器官，也是女性最鲜明的标志之一。

乳房发育的全过程具体可以分为五个阶段，不同阶段存在着较大的个体差异。

第一阶段：从出生到青春期开始，乳房未开始发育。

第二阶段：称为蓓蕾期（或乳腺萌生期），表现为乳头隆起，乳头和乳晕呈单个小丘状隆起，伴乳晕增大。

第三阶段：乳房和乳晕进一步增大，形成一个明显增大的圆形轮廓。

第四阶段：乳晕和乳头继续增大，并在乳房其他部分的圆形轮廓之上形成第二个丘形隆起。

第五阶段：称为成熟期，乳房呈典型的成人状态，第四阶段形成的第二个圆丘已经与平滑的乳房轮廓混为一体。

乳房的发育一般要经过若干年，少则 4～5 年，多则 7～8 年，甚至更长时间；发育开始的年龄也不尽相同，可早到 8 岁，晚至 13 岁。有的女孩 12 岁乳房就发育成熟，但也有一些女孩直到 19 岁乳房发育才完成，个别女孩更晚。

月经来潮前一周，部分女孩会感觉乳房胀痛、乳头刺痛等，这是正常的生理现象，不必惊慌，此症状一般在月经来潮后即会消失，此阶段要注意心情的放松和乳房的护理。

2. 阴毛与腋毛

阴毛与腋毛的发育也是女性第二性征的一个重要表现，一般迟于乳房的发育。

青春期女孩一般在 11～12 岁时开始出现阴毛，到 17～18 岁时阴毛的疏密状况基本定型。阴毛的有无、疏密主要取决于两个因素：一是体内肾上腺皮质所产生的雄性激素的水平；二是阴部毛囊对雄性激素的敏感程度。

腋毛发育则晚于阴毛，到 14 岁左右开始出现。腋毛的生长也是与人体的雄性激素水平有关。不过，由于个体差异的存在，不同女孩体内的雄性激素含量不尽相同，腋毛、阴毛生长的浓密程度也就会不同。腋毛有两个作用：一是对它所生长的体表部位起到保护、遮挡的作用，可防止外来细菌入侵皮肤；二是起到缓解、保护手臂与腋下部位的摩擦。

3. 月经来潮

月经来潮是女孩进入青春期的一个重要标志。由于卵巢功能尚不健全，故初潮后月经周期无一定规律，须经逐步调整才接近正常。月经来潮与卵巢和子宫膜的周期性变化有关。从青春期开始，卵巢内的卵细胞连续发育成熟并排出，与此同时，卵巢分泌雌性激素和孕激素促使子宫内膜增厚和血管增生，为受精卵在子宫内发育创造条件。排出的卵如果没有受精，卵巢分泌的雌性激素和孕激素会很快减少，引起子宫内膜组织坏死脱落，脱落的子宫内膜碎片连同血液一起由阴道排出，这就是我们看到的月经。

大多数女孩在 12～14 岁时开始来月经，第一次来月经称为初潮。月经的周期一般为 28～30 天，每次来潮的经期为 3～7 天，出血量为 30～60 毫升。但是有些女孩月经周期不规律，这是因为女孩正处在性成熟期，卵巢的功能尚未完全发育成熟。从不规律走向规律的时间也因人而异，一般情况下要经过 1～2 年。如果月经周期超过半年或行经时间超过 10 天以上，则属于不正常现象，这时，就应该告诉父母或找医生查明原因。

初潮来临前的女孩生长迅速，食欲增加，乳房发育隆起，有时还有疼痛现象，阴毛、腋毛开始增加，面色红润，这些现象是初潮来临的预兆，都是正常的生理现象，无须恐惧。每个正常的女性都要经历这样的过程，这也在告诉女孩：你有了做母亲的能力，应该为自己感到高兴。

此外，经期应注意卫生，加强营养，注意休息，保持好的心情。

4. 体态成熟

青春期女性的第二性征的表现还包括：身高和体重的突增；臀部突出，骨盆变得宽大；体态丰满成熟；身材窈窕；皮肤细腻、光滑、柔软，呈现出女性特有的体态之美。

心理视角

小李的自卑

小李是某技师学院的一名学生，她发现自己周围的好朋友、同学都变得越来越漂亮，该凸起的地方凸起，该苗条的地方苗条，总之，越来越有女人味儿。而自己呢，一点变化也没有，胸部还是平平的，个儿也长得不快，总觉得自己没有向暗恋的男生表白的资格。同学们经常拿她开玩笑，甚至给她贴标签——“女汉子”“太平公主”“假小子”。最让小李郁闷的是，有一次，在放学回家的路上，她被路人误认成男生，可自己明明是一个可爱的女孩呀！这样的误解让小李既尴尬又难过，心理压力越来越大，越来越没有自信，学习成绩和人际关系都一落千丈。

【感悟】我们每个人的成长环境、营养状况、遗传基因等情况不同，因此第二性征体现在不同人身上的时间也有早晚之分，早发育的同学不必害羞，不要觉得自己“另类”，像小李一样晚发育的同学也不必自卑或焦虑。随着时间的推移，你也会成为一个漂亮、聪慧的公主的。

终于“长大”的晓丽

某技师学院的学生晓丽最近开心极了，她为自己的“长大”感到无比高兴。原来，晓丽今年已经15岁了，但是在此之前，“大姨妈”从来没有光顾过，眼看一个宿舍的姐妹们纷纷“开花”，可自己却毫无动静，晓丽心里有些着急了，想着：“是不是自己哪里出了问题？为什么跟我一样年龄的同学、朋友都来例假，而自己却没有呢？是自己发育不良还是营养不良或者是身体生病了？”有时候，听着同宿舍的姐妹们相互交流经期的一些保健方法，晓丽根本插不上嘴，觉得自己毫无存在感，她开始羡慕别人来“大姨妈”，也不断地期盼它的到来。正当她纠结要不要看医生时，她的月经终于“千呼万唤始出来”了，晓丽悬着的心瞬间就踏实了，别提有多高兴了！因为她知道月经的来临对于一个女孩的重要性，那可是她从女孩成长为女性的一个重要标志啊，让我们一起祝贺她吧！

【感悟】月经来潮是女孩成为女性的一个重要标志，也是成为母亲的一个衡量标准。少女初潮的年龄一般在12～14岁，可以早到10～11岁，也可以晚到16～18岁。像晓丽一样的“大姨妈”晚些光顾的女孩不必着急哦，你们的发育属于正常范围。不过，我们关心自己生理健康发育的行为是非常正确的，女孩要学会关爱自己。

沮丧的瑶瑶

小淇和瑶瑶是同校、同寝室的同学，入校以来，两人学习成绩、体重身形、兴趣爱好等都基本相同，成为一对形影不离的好闺蜜。但是一个学期过后，小淇的身高一下子长了不少，而且体型也变得更加丰满，俨然出落成了一个亭亭玉立的大姑娘。但是瑶瑶没有太大变化，相比小淇，瑶瑶看起来黑、矮、瘦，瑶瑶为此感到十分沮丧。渐渐的，瑶瑶开始刻意疏远小淇，她不喜欢别人只注意到小淇而忽略她的感受，更不愿意成为陪衬小淇的“绿叶”，原本的形影不离逐渐成了形单影只。瑶瑶不明白为什么自己没有变成像小淇那样既高挑又漂亮，是自己天生就比别人差，还是父母的基因不好？什么时候才能变成亭亭玉立的女孩呢？

【感悟】一个人的身高从出生开始增长，会经历两个增长高峰。第一个高峰出现在婴儿期；第二个高峰出现在青春期，每年增高6～9厘米，有的人甚至超过10厘米。但是发育的快慢也是因人而异，瑶瑶不必因此沮丧，保持乐观的心态加上适当的体育锻炼，你的改变指日可待！同学们可以参照以下青春期发育时间表：

女性青春期发育时间表

年龄	8～10岁	11～12岁	13～14岁	15～16岁	17～18岁	>19岁
身体发育特征	身高突增	乳房开始发育，出现阴毛，身高突增达到高峰	月经初潮，出现腋毛，声音变细	月经规律，脂肪积累增多，臀部变圆	骨骺开始闭合，停止生长，出现粉刺	体态苗条，皮肤细腻

趣味测试

1. 青春期女性的第二性征表现不包括（　　）。

A. 智齿萌出　　B. 月经初潮　　C. 盆骨变宽

D. 身材丰满　　　　E. 出现阴毛

2. 促进女性第二性征发育的是（　　）。

A. 雌性激素　　　　B. 雄性激素　　　　C. 孕激素

D. 催乳素

3. 关于女性青春期及第二性征，下列叙述错误的是（　　）。

A. 乳房发育是女性第二性征的最重要特征

B. 乳房发育是女性青春期发育的唯一标志

C. 肩部皮下脂肪增多是青春期女性特有特征之一

D. 腋毛发育一般晚于阴毛发育

4. 分泌雌性激素，维持女性第二性征的是（　　）。

A. 输卵管　　　　B. 卵巢　　　　C. 子宫　　　　D. 阴道

5. 青春期自我心理调适的方法不包括（　　）。

A. 树立正确的人生观、世界观　　　　B. 了解自我，接受自我

C. 建立良好的人际关系　　　　D. 保持紧张焦虑的情绪

E. 增长生理卫生知识

心灵训练

同学们，下图是一棵即将开花的青春小树，下面的这些变化你有吗？如果有，就请给小树添加一朵小花吧，努力让生命之花开满枝头。

① 身高和体重突增

② 阴毛开始出现

③ 腋毛生长

④ 乳房、乳头发育明显

⑤ 阴道黏液出现

⑥ 臀部变圆

⑦ 嗓音变细、变甜美

⑧ 初潮来临

⑨ 身材变得更加圆润

你好，少女！如果你有以上特征中的某一项，说明你已经进入青春期了。花季已至，梦想启程！我为自己代言！为自己写下成人感言，他人也将从这里看到属于你的青春态度！少女们，青春万岁！青春无悔！

说一说：处于青春期的你最喜欢说什么样的话？做过最尴尬的事是什么？

* 喜欢看高年级男生打球；
* 喜欢把抽屉和日记加锁；
…………

第二节　呵护花期　绽放青春

心海导航

对于16岁的丽丽来说，每个月的例假一直都是她的“心病”。最开始来例假的时候，她没有太多的疼痛感，最多只是有些不舒服，所以在生活上她不是很注意，夏天来月经的时候，她会用凉水洗脸，甚至还吃冰棍。后来，时间长了，每次月经一来，她的下腹部疼痛难忍，疼得她面色苍白、出虚汗。丽丽说，其实像她这样痛经的女孩，在学校里有很多，有些同学很在意，担心影响身体的健康，这种担心甚至影响了学习。

青春期女孩大多对于身体的变化还欠缺正确的认识，一些生活习惯的问题困扰着她们。痛经是如何造成的？女性在月经期应该如何进行自我保护？本节将进行具体讲解。

心灵智慧

青春期是青少年生长发育过程中一个重要的特殊阶段，青春期的卫生保健与成人期的健康状况以及疾病的发生密切相关。事实上，女性月经期间是身体最脆弱的时候，此时的抵抗力较差，如果不注意自身保养，那么随时都有可能落下病根或引起某些妇科疾病。因此，女性的经期保健至关重要。作为女孩，应该如何做好青春期的卫生保健呢？接下来，我们一起来学习。

一、女性经期的自我保护

1. 经期的自我保护

月经前，体内性激素的突然减少会影响全身系统，出现一定的反应，导致身体相对脆弱。精神上会出现烦躁易怒、精神不集中等现象；身体上会出现手脚、面部浮肿，腹胀、坠痛，乳房胀痛等情况。在经期，还会极易疲倦，容易伤风感冒。正是由于身体的这些变化，我们需要了解经期自我保护的知识，以消除恐惧、焦虑等心理负担。最重要的是，要做好自我保护，保证自己在月经期内的身心健康。

首先，保证充足的睡眠。女性痛经的时候要躺在床上休息，不要干体力活儿，可以拿一个热水袋放在下腹部，避免着凉。

其次，不吃刺激性的食物。痛经的时候不可过食辛辣刺激性食物，以减少子宫出血。多喝开水，多吃水果、蔬菜，保持大便通畅，对痛经会有良好的缓解作用。

最后，不碰冷水。月经期间，要注意保暖，避免淋雨、涉水、游泳或用冷水洗澡、洗头、洗脚，也最好不要在太潮湿的地上坐卧。夏天不要喝过多的冷饮，以免受寒、着凉，刺激盆腔血管收缩，导致月经减少或突然停止，甚至引发其他疾病。

2. 月经异常现象

痛经是指在月经期内以下腹部为主的疼痛，伴有胃肠、神经等系统异常的综合症状。这种疼痛可以是很剧烈的绞痛，也可以是有坠感或不适。多数情况下，痛经都与生活习惯有着密切的关系。在此期间，容易表现出抑郁、焦虑或容易激动，或懒言少语；还有的人在疼痛时会伴有恶心、呕吐、食欲不振、头痛、腰部酸痛等症状。

如果出现痛经，要在做好经期保护的同时，保持愉悦的心情，否则会引起血行不畅；尽可能少吃或者不吃止痛药，可以通过揉小腹、热敷等方式来缓解痛经；每晚睡前喝一杯加蜂蜜的热牛奶，也可以缓解痛经。

月经不调是指月经周期或出血量出现异常，可伴月经前、月经时的腹痛及其他全身性症状。这是由于青春期女孩卵巢功能还未成熟，内分泌平衡尚未稳定，加之此时情绪不稳定而产生的现象。

如果出现月经不调，要在做好经期保护的同时，尽量生活有规律，避免熬夜、过度劳累等，保持良好的生活习惯非常重要；调整好自己的心态，多听一些舒缓的音乐，让自己心情放松；适当控制运动量，避免剧烈的体育运动和重体力劳动。

二、乳房的保护

对于刚步入青春期的女孩来说，乳房的发育应该是特别值得关注的一件事。因为很多乳房疾病的出现，都是因为对乳房保健的无知，进而导致产生疾病。所以，我们非常有必要了解乳房保健的相关知识，在日常生活中养成良好的生活习惯，保护好乳房，让它健康地成长。

1. 挑选合适的内衣

根据乳房的大小选择合适的、高质量的纯棉内衣。内衣要经常更换，一般情况下，内衣的平均寿命是 3～6 个月。

2. 加强锻炼，做好胸部健美

胸部体操可以增进乳房下的胸肌发育，让乳房更健康，更有美感。

3. 认真清洁乳头

尤其是乳头凹陷的女孩，更应避免乳头内藏污物，如果不及时清洗，则会产生炎症。

4. 不穿束身衣

有些女孩因为害羞或追求所谓的苗条，而用带子、紧背心之类的东西把乳房紧紧地包束起来。这样会影响乳房发育，并且容易使乳头凹陷。

5. 不熬夜，加强营养及锻炼

乳房的发育需要足够的营养，青春期女孩要加强饮食营养，经常参加运动，锻炼身体，这样可以提高抵抗力，增加胸部的脂肪量，保持乳房丰满。

6. 保持正确的坐、立、行姿势

青春期女孩千万不要觉得胸部的发育是一件令人难堪的事情，不要含胸驼背，而要挺胸收腹，正确的姿势可以促进胸部的发育。

三、绽放最美的青春

每个人的青春只有一次，有的人在努力中绽放自我，有的人在迷茫中虚度时光；有的人在自信中奋力奔跑，有的人在自卑中胆怯止步；有的人仰望明日的辉煌，有的人追求一时的虚荣。青春期的女孩们，此时的你们处于哪一种状态？什么样的青春才是最美的？

1. 保护女孩的秘密花园

无论是月经的来临还是乳房的发育，都是女孩独有的特征，要学会正面对待、积极保护，不要让害羞遮挡了本该绽放的青春，要让身体处于正能量的包围中。时刻告诉自己，挺直身体、自信向前才是最美的。

有的女孩因为过早的发育而担心同学的嘲笑，所以每日忧心忡忡，走路不敢抬头，遇到同学还会躲着走。殊不知，每个人发育的时间是不一样的，开始发育是成长的标志，我们应该尊重自己的身体，更要善待自己的身体，每个女孩都会成长发育，只不过是时间早晚的问题。

2. 干净的女孩受欢迎

讲究卫生，勤洗澡、换衣，养成良好的生活习惯。女孩不一定要有倾国倾城的容貌，也不需要用浓妆艳抹来修饰，只需要在日常生活中培养健康的生活方式，勤换内衣、内裤及床上用品，经期洗澡时尽量淋浴，并保持乐观稳定的情绪，就会受欢迎。

除此之外，要保持穿着的整洁、头发的整齐和鞋袜的干净，身上无异味。在家里，保持自己的卧室干净、温馨，不可以杂乱，也不要有不好闻的味道。在行为上，不要摸不干净的地方，拿了东西要放回原处，不要随手乱丢垃圾。不要留太长的指甲，尽量穿清爽的衣服等。

3. 腹有诗书气自华

多读书，充实自己的内在，用知识的能量让自己拥有不一样的气质，塑造一个有趣的灵魂。读书多的女孩不需要化妆，但是会心颜常驻；读书多的女孩不需要大声呵斥，但却掷地有声；读书多的女孩即使困于现实，内心也是自由的。

著名主持人董卿曾经说过："即使工作再忙，每天我也会保证一个小时的阅读时间，因为读书让人学会思考，让人能够沉静下来，享受一种灵魂深处的愉悦。"所以，我们才会看到电视上那个气质如兰，一颦一笑、一字一句都散发着魅力的董卿。

青春期的女孩要懂得真正的美不是穿着多昂贵的衣服，用着多奢侈的护肤品，而是用自己独有的气质去赢得尊重。内心的美丽才是一个人青春最绚丽的代言词。

4. 奋斗的青春最美丽

如果赋予青春最美的定义，那么一定就是奋斗了。唯有积极向上，努力学习，用奋斗去谱写自己的青春，才能体会到绽放的含义。

青春是什么？青春是一分耕耘，一分收获；青春是努力时流下的汗水；青春是回首来时路时嘴角的微微一笑；青春是仰望星空时内心满满的期待；青春是小小宇宙里大大的能量。

心理视角

远离束身衣

莉莎从小就是一个漂亮的女生。到了青春期，爱美之心越来越强烈。她感觉到自己身体的变化，也意识到自己和以前不一样了。最开始，莉莎通过书籍和网络对青春期女生的变化有了一定的了解，她是个自信的姑娘，也很欣赏自己的美丽。但是后来，莉莎不满足于现在的自己了，她想变得更美。每当看到电视上那些漂亮的女明星，她就羡慕不已，于是她穿上束身衣，立志要拥有一个挺拔的身材。可是后来，她觉得自己的胸部有些不舒服，一开始，她没有很在意，但是胸部的不适一直没有减轻，于是她去看了医生。医生告诉她："都是束身衣惹的祸，青春期的女生如果长期穿束身衣，就会影响乳房的血液循环和新陈代谢，使乳腺管堵塞、闭锁，各种乳患症状便应运而生。严重的话会影响成年后的乳房发育，使乳头凹陷，产后无乳等。"听了医生的解释，莉莎再也不穿束身衣了。

【感悟】爱美之心人皆有之。我们都希望自己变得漂亮，希望自己成为人群中的焦点，希望自己有吸引人的外表。然而，爱美没有错，错的是变美的方式。挺拔而高耸的乳房是少女成熟的表现，也是少女之美，我们要学会保护乳房。如果为了变美而伤害到乳房，则得不偿失，不仅失去了美，自己的身体也受到了伤害。青春期的女孩，你们本就是最美的，接受自己的身体，让它顺其自然地成长，不要把外在的压力强加于它。保护好自己的身体，尽情地绽放自己的青春。

做个自信的漂亮女生

珍妮是个总爱低着头的女生，她一直觉得自己发育太早，和其他女生不一样，内心的不自信和害羞让她总是觉得自己不够漂亮。有一天，她到饰品店去买了只蓝色蝴蝶结，店主不断夸赞她戴上蝴蝶结很漂亮，珍妮虽不信，但是挺高兴，不由地昂起了头。由于急于让大家看看，出门与人撞了一下都没在意。

珍妮走进教室，迎面碰上了她的老师，"珍妮，你昂起头来真美！"老师拍拍她的肩说。那一天，她得到了许多人的赞美。她想一定是蝴蝶结的功劳，可回到家，在镜前一照，头上根本就没有蝴蝶结，原来是出饰品店时与人相撞时弄丢了。

【感悟】无论是贫穷还是富有，无论是美若天仙还是相貌平平，只要昂起头来，自信就会使你变得可爱。青春期的女孩因为发育的原因，身体会发生一定的变化。有的女孩发育较早，但自己对于这方面的知识了解得很少，所以总是认为自己"另类"。所以，珍妮才会总是低着头。殊不知，这些都是庸人自扰，身体的发育是成长的标志。当珍妮昂起头的那一刻，她找到了自信，也获得了很多的肯定，那个时候的她真的很美。所以，青春期的女孩要正视自己的身体，尊重自己身体的变化，学会爱自己，这才是最美的。

“励志女神”赵丽颖

新生代演员赵丽颖非常受年轻人的喜欢，不仅仅是因为她的颜值和演技，更是因为她奋斗的故事。赵丽颖是个从农村走出来的女孩，学历不高，但和大多数女孩一样有个明星梦。和一般人不一样的是，她非常努力地从跑龙套做起，一心锤炼演技，一步步像打怪升级般奋斗，最后凭借《花千骨》而广为人知，再到后来的《青云志》《楚乔传》，她的演技一直深受观众的肯定和好评，不愧是“收视女王”。

在开始演戏的几年，作为一个跑龙套的配角，有人建议她去削骨改变脸型，但赵丽颖拒绝了，她不嫌角色小，默默地磨炼着自己的演技。一年 365 天有 300 天她都在横店拍戏，对每一部戏都不敷衍。她是坚决不用替身的明星，有几次拍跳冰湖、落马、飞身跳楼等镜头时，剧组都为她找好了替身，随时可以顶替，但是她都谢绝了，坚持亲力亲为。

此外，她的为人处事也广受大家的好评和赞赏。在她成名之后，她也没有忘记曾经帮助过她的人，尽她所能去帮助别人。

【感悟】青春期的女孩要明白，一味地追求吃穿，把时间浪费在这些事情上，换来的只会是日后的遗憾。很多女孩在这个年纪都喜欢追星，但是我们要明白，追求的不仅仅是一首好听的歌、一部好看的剧，更重要的是追求这个明星身上的品质，就像演员赵丽颖，不怕苦、不怕累，有目标、有追求，懂感恩、懂珍惜，这才是我们应该学习的，不要在本该奋斗的年纪选择安逸。

趣味测试

测试你的痛经程度是几级

许多女孩面对生理疼痛时，总是认为忍忍就过去了，更有一部分女孩依赖止痛药来缓解疼痛。殊不知，长期服用止痛药将给身体带来极大的副作用。

自算经期及其前后症状和表现分数（基础分 10 分）：

腹痛难忍　2 分

腹痛明显　1 分

坐卧不宁　2 分

休克　4 分

面色苍白　1 分

冷汗淋漓　2 分

四肢厥冷　2分

需卧床休息　2分

影响工作学习　2分

伴腰部酸痛　1分

伴恶心呕吐　1分

伴肛门胀痛　1分

用一般止痛措施可暂缓疼痛　1分

用一般止痛措施不能缓解疼痛　2分

疼痛期在一天以内　1分

疼痛期每增加一天加2分

结果分析：

轻度（一级）：分数为10～14分。此类疼痛可通过心理、饮食的调节缓解，适当饮用姜茶、红糖水、玫瑰花茶，可达到缓解疼痛的目的。

中度（二级）：分数为15～25分。此类疼痛可适当选择药物治疗，采用温和有效的中药产品对身体进行调理是一种很健康的方式。中医学在原发性痛经方面积累了丰富的治疗经验，目前，市面上具有温经、活血化瘀作用的中药选择较多，但是缺乏专业治疗生理疼痛的中药。

重度（三级）：分数为26～30分。拉响警钟，目前的生理疼痛已经达到了严重的程度。对于年轻女孩而言，重度生理疼痛不仅影响学习，对身体发育也有严重影响。对于成熟的女性而言，重度生理疼痛有可能诱发不孕症、盆腔炎、子宫内膜异位症等妇科疾病。应及时到医院查明引起痛经的原因，在医生指导下进行治疗。

健康专家提醒，如果可以准确判断你的疼痛程度，就可以很快找到健康的、适当的治疗方式。此外，无论身体是否已触及疼痛的警戒线，都应随时调整自己的不良情绪，从容面对生活压力，这是减少生理疼痛的必要环节。

心灵训练

拓展活动：蹚过人生的多“恼”河

活动目的：

1. 通过活动，学生明白青春期是每个人成长中的必经阶段，出现的各种生理变化和烦恼（痛经、月经不调、乳房变化等）都是正常的。

2. 引导学生采用恰当的方式，放下心里的烦恼，进一步正确认识青春期生理变化带来的烦恼来自内心矛盾。

活动流程：

1. 找出三张自己不同年龄的照片，分别是“3 岁的我”“7 岁的我”“15 岁的我”。

2. 思考问题“你看到了什么？”“你想到了什么？”并分享感受。

3. 提出主题：我们已经长大了，走进了人生的一个重要时期——青春期。

4. 引导学生思考问题“进入青春期后生理上有哪些变化？”“心理上有哪些困惑？”并以此来升华主题——进入青春期后，女孩生理和心理的变化都是正常现象。

5. 以小组为单位，说说自己心里的烦恼，并进行归类。

6. 以小组为单位，选择大家感兴趣的一个问题，讨论解决的办法。

7. 分享感受。组织学生谈谈青春期的生理变化对自己学习、生活和成长所带来的影响，激发学生的上进心，帮助学生建立积极心态，摆脱成长中的烦恼。

活动总结：

青春期是人的一生中最美好的时期，也是重要的成长发育阶段。面对生理上的变化，只有经历它所带来的困惑和烦恼，才能真正长大。只要拥有积极的心态，采用正确的方法，每个女孩都会拥有属于自己的最精彩的青春期。

第三节 为青春保驾护航

心海导航

今天是小娜的生日，她像往常一样，早早地来到学校。奇怪，抽屉里有一盒巧克力，盒子里还放着一封信。小娜打开信，信中写道：“小娜，我十分欣赏你的气质。很希望能够和你一起超越友谊。让我走近你，了解你，好吗？即便你不同意，也不要逃避，我仍然愿意和你做好朋友。”

会是谁送的呢？细细想来，肯定是他。因为这些天自己常常去看高年级男生打球，还为他们做啦啦队员，对穿 12 号球衣的男生有点崇拜。想到这里，小娜有点不好意思，脸红了。终于到了放学的时间，小娜朝窗外望过去，看到穿 12 号球衣的男生在教室门口等她。小娜和他结伴回家，路上有说有笑。两个人的恋情开始了，他们经常一起逛街，一起逃课外出游玩。小娜的成绩一落千丈。

小娜和好朋友丽丽诉说了自己的苦恼。丽丽对小娜说：“爱情之花是圣洁的，是美好的，但是，那也是一朵需要等待、需要精心浇灌的花朵。在爱情生长的土壤还不具备的时候，过早去采摘，不仅会伤害到他人，也会伤害到自己。”小娜思索了许久，终于下定决心和穿12号球衣的男生“一刀两断”。晚上，小娜没有一丝睡意，给穿12号球衣的男生写了一封很真诚的信：

12号球衣男孩：

我很高兴和你一起度过一段快乐难忘的时光，它将成为我一生中最美好的经历，我会把它珍藏到永久。只是，我们现在还都是学生，父母和老师对我们寄予希望，我不想辜负他们。和你在一起的日子很快乐，但是我却迷失了自己，我很想重新回到以前，集中精力，专心学习，把时间和精力放到技能大赛的准备上，实现我的梦想。希望你也能好好学习，努力向上，争取好的成绩。

放下笔，小娜长长地舒了一口气。

我们每个人都要为自己的梦想而努力，“爱”这个沉重的字眼，等我们真正长大了再说出口。

“花季雨季”是浪漫美好的季节，是敏感多思的季节，我们在不知不觉中长大，像一朵朵含苞待放的花蕾。花季女孩快乐多，烦恼也多，含苞待放的青春之花，最容易遭遇各种伤害。对于女孩来说，能顺利平稳地度过这一时期尤为重要，自尊自爱可以为女孩助力。

心灵智慧

一、自尊自爱的含义

自尊，就是自己尊重自己，不向别人卑躬屈膝，不容许别人歧视、侮辱自己，当自己受到不公正的待遇或受委屈时，要勇敢地站出来说“不”，同时也要懂得尊重他人。只有尊重他人，才会受到应有的尊重。

自爱，就是要爱护自己，爱惜自己的生命，爱惜自己的人格，爱惜自己的名誉。一个人只有懂得爱自己，才能爱别人，才能使自己的生活更精彩。

自尊自爱是健康人格的基石，是对自我的关注与肯定，是一个人的快乐之源，更是成功的开始。

二、自尊自爱需要注意的问题

服饰上，穿戴得体，不穿奇装异服，不穿过于暴露的花哨服装，不浓妆艳抹，不佩戴各种夸张的首饰。爱美之心人皆有之，外表的美丽固然重要，但更应注重个人内在修养和品行的升华。

举止上，端庄稳重，不说污言秽语，不与男生勾肩搭背，避免与异性打闹追逐，不大声喧哗，更不矫揉造作。

交友上，慎重选择，明辨是非，远小人近君子，增强自制力，自觉抵制不良诱惑，坚持原则，以诚相待。

交往上，自爱自重，不贪图小便宜，不轻易接受他人的礼物，理智谢绝异性的爱慕和追求，学会拒绝，勇敢说“不”。

心理视角

花开应有时

为了赚取到巴黎读大学的学费，在高中毕业的那年暑假，居里夫人到乡村的一户人家去当家庭教师，给这家的小孩子补习功课。在当家教的过程中，这家的大儿子卞西密尔爱上了居里夫人，她也对这位英俊的大学生一见倾心，两个年轻人沉醉在爱情的甜蜜里，并且对未来做起了规划，聊起了以后结婚的打算，那时的居里夫人只有19岁。但是，这份恋情遭到了卞西密尔父母的强烈反对，卞西密尔也渐渐开始动摇。

居里夫人心里非常难过，但是这突如其来的变故拨开了热情的迷雾，居里夫人终于明白，在这段恋情中，情感占了上风，自己过于冲动，由于年轻，考虑得太少，还不懂得怎样选择终身伴侣。最终，理智与思考使她摆脱了苦闷，坚定了投身科学研究的生活目标。随后，居里夫人到巴黎求学，认识了自己理想的伴侣皮埃尔·居里，他们有着共同的兴趣爱好、共同的人生理想，为人类做出了贡献，也过着甜美幸福的生活。

【感悟】青春期的女孩是含苞待放的花蕾，要善待和保护自己，要去广阔的天地展示新枝，去迎接更美好的未来，如果过早开放，只会换来过早凋零。

满足虚荣心的代价

“爱心捐献卵细胞，无痛、安全，回报金15 000～80 000元不等。”在城市的小角落，随处可见类似的广告。不可否认，这对于涉世未深的女孩来说充满了诱惑。从相信小广告开始，女孩们就已经成为待宰的羔羊，再也无法全身而退。

确定捐卵的女孩都会被带到私立医院进行体检，当体检过关后，她们就会在私人改造的手术室中被注射一种所谓的营养针。这种营养针其实只是促进排卵的激素药物，会产生很大的副作用，呕吐、腹水、全身水肿……丧心病狂的黑中介为了促排更多的卵子，他们会给女孩过量注射。在卵子完全成熟之后，他们就会把女孩带到改造的手术室取卵。他们所使用的取卵工具是一根长达 30 厘米、粗 2 毫米的空心针。这根针会伸入女孩体内，刺破阴道壁，穿过卵巢、卵泡吸取促排出来的卵子。因为要取得多个卵子，所以还要从其他方向多刺几个孔才能取完，经过这般折腾，卵巢就会变得千疮百孔，接连引发的后果不堪设想。

从一开始落入黑中介编织的捐卵美梦中时，女孩们就已经踏入了卵子黑市的沼泽。后果可想而知，只会越陷越深，直至被完全吞噬。

当不自爱的捐卵女孩们在为迅速到手的几万元而沾沾自喜时，她们并不知道，自己的健康早已成了被贱卖的廉价品。

【感悟】“她那时候还太年轻，不知道所有命运赠送的礼物，早已在暗中标好了价格。”这是《断头王后》里的一句台词，却在提醒我们每个人。我们都对生活有所追求和期待，不同的是，有的人会选择靠自己的努力去实现，而有的人一心只想走捷径。可人生哪有什么捷径可走，以损害身体健康为代价也许会换来一时的安逸和光鲜，但并不是所有的投机取巧都会善终。

跟风时尚“露脚踝”　这种美丽要不得

一条九分裤，搭配小白鞋，露出一截脚踝，俨然已成为当下的时尚穿搭。为了风度，就算在隆冬时节，大街上、校园里“露脚踝”的年轻一族也有很多。因模仿这种“露脚踝”穿搭而导致生病的新闻也是层出不穷，但是很多人并没有放在心上。冬天受寒其实就是给身体埋下健康隐患，总有一天要偿还这份“美丽的代价”。

常言道“寒从脚起”，脚踝看起来不起眼，但是它在人体中的作用是十分重要的。脚踝上有六条经络经过，分布着神经、血管等重要的组织。寒冬腊月将脚踝露在外面，首先会引起冻疮。冻疮发作的时候，又痛又痒，还会溃烂发炎。

从医学角度讲，脚部是人的“第二心脏”，而人体下半身的血液循环畅通与否，对全身的气血流通影响很大。脚踝是脚部血液流动的重要关口。如果脚踝僵硬、老化，回流到心脏的静脉血液就会像“塞车”一样淤积在脚踝附近，加重心脏的负担，长此以往，可增加患高血压等心脑血管疾病的风险。

脚部的神经末梢丰富、敏感，是肝、脾、肾经络的起始地，保暖好脚才能使身体不受寒邪侵袭。“寒”为百病之源，部分女性体寒、宫寒不孕、腹凉痛经、子宫肌瘤、关节风湿等，都与长期穿衣不当或皮肤暴露部位不当有关。

【感悟】美丽虽重要，但没有健康支撑的美，称不上真正的美。美丽不“冻”人，温度是风度的基础。关爱自己，珍惜自己，美丽、健康、快乐才会长期陪伴你。

趣味测试

一、一个人有很多面，作为一名女生，你向别人展示了哪些方面？

A. 温柔　B. 开朗　C. 自私　D. 自尊　E. 善良
F. 自爱　G. 虚荣　H. 坚强　I. 懒散　J. 娇气
K. 勤奋　L. 臭美　M. 邋遢　N. 自强　O. 真诚
P. 正直　Q. 宽容　R. 粗鲁　S. 轻浮　T. 才华

二、请从下列词语中挑出五个你觉得美丽女生最应该具备的品质。

A. 温柔美丽　B. 身材健美　C. 打扮时尚
D. 成绩优秀　E. 善于交往　F. 独立坚强
G. 宽容真诚　H. 乐观自信　I. 典雅大方
J. 自尊自爱　K. 清新自然　L. 善解人意

二、判断对错。

1. 小徐年轻时尚，冬天只穿一条单裤，从不穿毛裤和棉裤。（　　）
2. 小敏染黄色头发，穿着“乞丐服”，认为这样很有个性、很酷。（　　）
3. 小红认为学得好不如嫁得好。（　　）
4. 课间十分钟，小蓓和男同学在楼道里追逐打闹。（　　）
5. 人必自尊而人尊之，人必尊人而人尊之。（　　）
6. 小蕊为人处世没有原则，缺乏主见，一切都听别人的，随波逐流。（　　）
7. 青苹果看起来虽美，吃起来却很酸涩。面对异性交往中产生的朦胧情感，应当冷静思考、理性处理。（　　）
8. 为了快速瘦下来，小燕节食减肥，每餐只吃一个苹果，晨跑时在操场晕倒。（　　）
9. 阿美结交社会青年，聚众抽烟喝酒。（　　）
10. 为了买高档化妆品、高档手机，小丽以健康换取金钱。（　　）

心灵训练

拓展活动 1：保护“爱情水”

事先准备好多杯各种颜色的水，请同学们选择一杯，这杯水就象征着我们每个人心中纯洁的爱情，假如我们将这份纯洁的感情随意与他人分享，会怎样呢？

接下来，请同学们拿着这杯纯色的爱情水，和旁边的同学互相交换一部分水，对水杯中水的颜色进行观察。然后，拿这杯水再和其他同学相互交换，每次倒一些自己杯中的水给其他同学，也接受一些其他同学不同颜色的水。请注意观察自己杯里水的变化。这一活动带给我们什么启示呢？

随着交换人数、交换次数的变化，我们发现杯中水越来越浑浊。在交换、变化的过程中，我们需要思考怎样保护自己杯中珍贵的爱情之水。我们是有着七情六欲的自然人，但我们也是社会人，也有社会属性，在不同的人生阶段，我们需要承担不同的责任，而其中的一份责任就是在与异性建立两性关系时，为自己负责，为他人负责，学会尊重别人，珍爱自己，永葆“爱情水”的美丽与纯洁。

拓展活动 2：护花小卫士

活动背景：

玫瑰花园原本是个繁花似锦的花朵圣地，可是这里的人们并不珍惜他们拥有的美好，疏于管理、随意采摘，没过多久，一场虫灾来袭，所有的玫瑰花在一夜之间全都枯萎凋零。花仙子派玫瑰天使给玫瑰花园送去玫瑰种子，需要护花小卫士经过荆棘丛林把玫瑰种子护送到玫瑰花园。

活动规则：

1. 活动准备：每个小组创作出本组的“护花宣言”，并在小组中选出一名护花小卫士，其余小组成员分成两类，分别充当“玫瑰天使”和“荆棘丛林”，护花小卫士和玫瑰天使讨论怎样才能安全护送玫瑰种子到玫瑰花园。

2. 护花行动：出发前，玫瑰天使确认玫瑰种子，荆棘丛林摆阵布局。护花小卫士宣读“护花宣言”，取得玫瑰花种，在路途中努力保护玫瑰花种，避免受到损失，完成护送玫瑰花种到玫瑰花园的使命。

活动开展：

实施“护花行动”，大家在活动结束后分享感悟。玫瑰花种是否完好无损地被护送到了玫瑰花园？面对这样的结果，玫瑰天使、护花小卫士、荆棘丛林分别谈感受。整个过程中最令人印象深刻的护花行动是怎样的？

情况预设：

1. 不作为：面对前面拦路的荆棘丛林，护花小卫士没有主动采取任何措施，不敢向前。同学们如何看待护花小卫士的这种行为？护花小卫士如何看待护花的结果？如果玫瑰花种是女孩最纯洁、最珍贵的物品，作为护花小卫士，还会袖手旁观吗？应该主动采取哪些行动？

2. 努力了，但不成功：如果荆棘丛林的力量太强大，无法逃离，这时就需要对结果进行衡量，是选择生命还是选择纯净？

3. 激发求助：护花小卫士可以向玫瑰天使和花仙子咨询求救，在特殊情况下，需要护花小卫士动员身边的一切力量，挖掘智慧，避免伤害，努力完成使命。

寓意延伸：

玫瑰花种对青春期的女孩来说有特殊的含义，怎样理解和看待呢？

活动总结：

青春期的女孩美丽、纯洁、娇嫩，玫瑰花种本身寓意为纯净美好，活动过后，请每位同学记录下属于自己的“护花宣言”。

护花宣言：

青春期女孩的玫瑰花静悄悄地绽放了，它是那么清新、那么美丽、那么动人，又是那么娇嫩、那么纤弱。我愿意用我的努力与智慧幻化成为护花小卫士，不怕前方荆棘，不惧前路雨雪风霜，自尊自爱、自立自强，绽放出最美的青春之花！

第三章 调控自我　自律自强

第一节　认识自我　接纳自我

心海导航

小萍是某技工学校 2019 级的学生。开学军训时，她学习一些军训动作很慢，并且“顺拐”，经常受到教官的批评，最后的军训会操也因为她而影响了全班的成绩。此后，她认为自己拖了大家的后腿，自己各个方面的能力都不行，常常感觉自己无论到哪儿都会碰壁。她的学习成绩一般，学起东西来很费劲，这让她更加沮丧；在与同学的交往中，她老担心自己表现得是否妥当，自己说的话会不会让别人不高兴，所以总是小心翼翼地揣摩别人的意思，附和别人，生怕因为意见不同而惹怒别人。但越是这样，越是让其他人觉得她无聊，不愿与她相处，她几乎没有朋友，这导致她对自己的看法更糟糕了。

小萍的烦恼其实是由不能正确地认识自我、客观地评价自我和有效地管理自我导致。中职生生理和心理都逐渐趋于成熟，在这个不成熟到成熟的转折期，心理矛盾和冲突激烈碰撞，他们开始思考“我是谁”，开始强烈地关注自我，再加上此阶段的学生自我认识水平有限，使其对自我了解和认识出现了一些偏差，不能全面客观地认识自己，表现为过分地以自己为中心、自我接受或自我评价过低等。自我探索是客观了解自我的必经过程，人生只有在不断的自我探索中才能找到真正的自己。

心灵智慧

一、自我认识

从古代开始，哲人就提醒我们，认识自己有多么重要。路能走多远，就看对自己认识有多深。

1. 自我认识的概念

自我认识是一个人对自己的认识，如我们平常对自己的能力、性格和价值观的认识就是自我认识的一部分。正是由于人具有自我认识的能力，才能对自己的思想和行为进行更好的调节，使我们的内心更平静，与外界的关系更和谐。

全面的自我认识包括以下几个方面：

生理自我——对自己身高、形体、性别、容貌的意识和评价。

社会自我——对自己在社会团体中的角色、地位、权利、义务等的认识和评价。

心理自我——对自己的感知、记忆、思维、智力、性格、气质、动机、兴趣、价值观和行为等的心理过程、心理状态和心理特征的认识和评价。

总之，青少年在青春期这一阶段身心急剧变化，各种能力（尤其是想象力、逻辑思维能力）的加速发展，使他们开始关心自己的形象、开始关心自己的心理活动，不再简单地认同别人的观点，而是有自己独特的见解，具有浓厚的个人主观性。

2. 自我认识的分类

积极的自我认识："我自信""我勇敢""我积极进取""我很快乐""我很坚强"等。

消极的自我认识："我自卑""我胆小""我害羞""我不行"等。消极的自我认识使人不能恰当评价自己、失去自信、不敢再次尝试。消极的自我标签害人不浅，我们要设法抛弃它、撕掉它。

3. 如何正确认识自我

认识自我是个体在成长过程中的一项重要任务。如果我们能够全面、正确地认识自我，从而可以客观、准确地评价自我，我们在生活中就可以更理智的态度面对自己，更加游刃有余地处理自己在生活中遇到的各种问题。那么，我们应如何认识自我呢？

（1）比较法。生活中，人们总是不由自主地将自己与他人进行比较，在比较中对自己做出评价。在与他人比较的过程中，个体才能认识到自己能力的高低、道德品质的好坏、追求的目标是否恰当等。处于青春期的青少年内心很敏感，十分关注自己身边的人和事，经常和他人进行比较，他们既会和别人比学习成绩也会和别人比相貌，还会比自己的衣服是不是更漂亮，通过比较找出自己的优点及不足。

（2）照镜子法。古人云："以人为镜，可以明得失。"这里的"镜子"可以是父母、老师、同学、朋友等，认真听取他们对自己言行和性格的评价，从而看清自己有哪些特点，避免高估或低估自己，学习客观地评价自己。以他人为镜，是青少年认识自我的重要途径。

（3）自我提问法。自我提问法即反思和内省，例如以下问题：

- 我的强项是什么？
- 我最擅长做什么？
- 我还可以开发的潜能有哪些？
- 我的哪些方面可以做得更好？
- 我的哪些方面可以改进？

二、自我接纳

1. 自我接纳的概念

自我接纳是指个体对自身以及自身所具有的特征所持有的一种积极的态度，即能欣然接受自己的真实状况，不因自己的优点而骄傲，也不因自己的缺点而自卑。

2. 自我接纳的重要性

自我接纳是人健康成长的前提。一个人如果不能接纳自己，连自己的问题都不敢正视，那么他怎么能引导自己积极向上呢？更何况，在生活中，不能接纳自己的人常会把很多能量用在自我否认和排斥上，带着那么多对自己的不满、失望甚至否认和拒绝，又怎么可能健康成长？

自我接纳是自信的起点。一个人能接纳自我，有不断自我完善的动机和行为，总有一天会具备能力，并最终具备自信。所以，从自我接纳出发，不仅可以让青少年早日摆脱自卑这一"青春病"，更可以让其早一天走向自信。

自我接纳是一个人追求成长的前提。如果一个人能够正视并且接纳自己的弱点，那么，弱点也是有意义的。首先，它让我们懂得自己的局限性，使我们不至于狂妄自大，并且使我们懂得尊重有相应长处的人；其次，能正视自己的弱点，不把时间花在自责和沮丧上，集中精力去发掘自己的优势，这样就可以少走弯路。只要我们能吸取教训，错误就会成为我们的老师。因为，在改正错误中学习经验，是学习的主要方式之一。

三、自我接纳的方法

1. 停止与自己对立

停止与自己对立是指停止对自己的不满和批判。不论自认为做了多少不合适的事、有多少不足，从现在起，都停止对自己的挑剔和苛责，要学习站在自己这一边，维护自己生命的尊严和价值。

心理暗示：不论现状如何，我都选择尊重自己生命的独特性。

2. 停止苛求自己

具体来说，停止苛求自己就是允许自己犯错误，但在犯错后，一要做出补偿，以弥补因自己的错误造成的损失；二要不重复，也就是避免重蹈覆辙。

心理暗示：不论做错了什么，我选择从中吸取教训，我选择不重复犯错，而不是不断地责备自己。

3. 停止否认或逃避自己的负面情绪

如果产生了负面情绪，不要去抑制、否认或掩饰它，更不要责备自己、跟自己生气。要坦然地承认并且接纳自己的负面情绪，不论它是沮丧、愤怒、焦虑还是敌意。

如果一个人不为自己的成绩差而沮丧，他就不会想努力学习；如果一个人不为和别人产生矛盾而苦恼，他就不知道自己的人际交往方式需要调整。所以，不要怕产生负面情绪，也不要否认或逃避，而是要接纳它，然后想办法解决引起负面情绪的问题。

心理暗示：不论我产生什么样的负面情绪，我选择积极地正视、关注和体验它，从中了解自己的问题，并进行建设性的解决。

四、学习接纳他人

真正接纳自己的人会接纳别人，而无法接纳他人的人也不能接纳自己。

我们可以从学习接纳别人入手，尝试着接纳自己。如果接纳别人，尊重别人，别人通常也会对我们做出积极的回应。使别人感到被接纳的方式有很多，最主要的有：

（1）倾听。与人交往时能不加评论地、认真且耐心地倾听别人述说。

（2）尊重别人。不论对方怎样，都尊重对方。

（3）假如你想与对方交往，一定要主动，让之首先感受到你的友好与诚意。

（4）能够发现别人的优点并且表达欣赏。“每个人都喜欢喜欢自己的人”，真诚地表达欣赏从来都是迅速地进入他人视野的捷径。

心理视角

认清自己

山上的寺庙里有一头驴，每天都在磨坊里辛苦拉磨。天长日久，驴渐渐厌倦了这种平淡的生活。它每天都在寻思，要是能出去见见外面的世界，不用拉磨，那该有多好啊！

不久，机会终于来了。有一个僧人带着驴下山，准备让驴驮点东西回寺庙，这让驴兴奋不已。

来到山下，僧人把东西放在驴背上，然后自己搬东西去了。没想到，路上行人看到驴时，都虔诚地跪在两旁，对它顶礼膜拜。

一开始，驴大惑不解，不知道人们为何要对自己叩头跪拜，慌忙躲闪。可一路上都是如此，驴不禁飘飘然起来，心想，原来人们如此崇拜我。当它再看见有人路过时，就会趾高气扬地停在马路中间，心安理得地接受人们的跪拜。

回到寺庙以后，驴认为自己身份十分高贵，过去累死累活，真是不值得，因此，它死活也不肯再拉磨了。

僧人无奈，驴不肯干活，自己又不能杀生吃肉，只好放驴下山。

驴刚下山，就远远看见一伙人敲锣打鼓迎面而来，心想，一定是人们前来欢迎我，于是大摇大摆地站在马路中间。

那是一队迎亲的队伍，被一头驴拦住了去路，人们愤怒不已，棍棒交加……驴仓皇逃回到寺庙里时已经奄奄一息了。临死前，它愤愤地对僧人说：“原来人心险恶啊，第一次下山时，人们对我顶礼膜拜，可是如今他们竟对我狠下毒手！”

僧人叹息一声：“果真是一头蠢驴！那天，人们跪拜的是你背上驮的佛像啊。”

【感悟】人生最大的不幸，就是一辈子认不清自己。有时，离开你所在的平台，自己什么都不是！

孔雀的抱怨

孔雀向王后抱怨：“王后陛下，我不是无理取闹来纠缠您，您赐给我的歌喉，没有任何人喜欢听，可您看那黄莺小精灵，它的歌声婉转而甜蜜，独占春光，出尽风头。”

王后听它如此言语，严厉地批评道：“你赶紧住嘴，你这善妒的鸟儿，你看你脖子四周，是一条如七彩丝绸染织而成的美丽彩虹；当你款款行走，舒展华丽的羽毛时，人们仿佛见到了色彩斑斓的珠宝。你如此的美丽，还好意思忌妒黄莺的歌声吗？这世界上没有任何一种鸟能像你一样受到别人的喜爱。一种动物不可能具备世界上所有动物的优点。我分别赐给大家不同的天赋，有的天生长得高大威猛，有的勇敢、敏捷；鸡可以报晓，犬可以看家，乌鸦则可以预告征兆。大家彼此相融，各司其职。所以，我奉劝你别再抱怨，不然的话，作为惩罚，你将失去你美丽的羽毛。”

【感悟】每个人都有自己的特点，造物主给予的天赋不是无偿的。尽力做好自己，如果只是羡慕和模仿别人，一旦失掉了自己的本色，你便失去了最大的优势。

趣味测试

自我认识测试

本心理测试是由美国兰德公司（战略研究所）根据中国人的心理特点编制的，目前已被一些著名的大公司作为对员工心理测试的重要辅助问卷，效果很好。请你测试一下，也许会发现自己的另一面。

注意：每题只能选择一个答案（你首先选中的答案），把相应答案的分值加在一起即为你的得分。

1. 你最喜欢吃哪种水果？

A. 草莓（2 分） B. 苹果（3 分） C. 西瓜（5 分）
D. 菠萝（10 分） E. 橘子（15 分）

2. 你平常休闲时经常去哪些地方？

A. 郊外（2 分） B. 电影院（3 分） C. 公园（5 分）
D. 商场（10 分） E. 酒吧（15 分） F. 练歌房（20 分）

3. 你认为最容易吸引你的人是什么样的人？

A. 有才气的人（2 分） B. 依赖你的人（3 分） C. 优雅的人（5 分）

D. 善良的人（10 分） E. 性情豪放的人（15 分）

4. 如果你可以成为一种动物，你希望自己是什么？

A. 猫（2 分） B. 马（3 分） C. 大象（5 分）

D. 猴子（10 分） E. 狗（15 分） F. 狮（20 分）

5. 天气很热时，你最愿意选择什么方式解暑？

A. 游泳（5 分） B. 喝冷饮（10 分） C. 开空调（15 分）

6. 如果必须与一个你讨厌的动物或昆虫在一起生活，你能容忍哪一个？

A. 蛇（2 分） B. 猪（5 分） C. 老鼠（10 分）

D. 苍蝇（15 分）

7. 你喜欢看哪类电影或电视剧？

A. 悬疑推理类（2 分） B. 童话神话类（3 分） C. 自然科学类（5 分）

D. 伦理道德类（10 分） E. 战争枪战类（15 分）

8. 以下哪个是你身边必带的物品？

A. 打火机（2 分） B. 口红（2 分） C. 记事本（3 分）

D. 纸巾（5 分） E. 手机（10 分）

9. 你出行时喜欢坐什么交通工具？

A. 火车（2 分） B. 自行车（3 分） C. 汽车（5 分）

D. 飞机（10 分） E. 步行（15 分）

10. 你最喜欢以下哪种颜色？

A. 紫（2 分） B. 黑（3 分） C. 蓝（5 分）

D. 白（8 分） E. 黄（12 分） F. 红（15 分）

11. 下列运动中你最喜欢哪一个（不一定擅长）？

A. 瑜伽（2 分） B. 自行车（3 分） C. 乒乓球（5 分）

D. 拳击（8 分） E. 足球（10 分） F. 蹦极（15 分）

12. 如果你拥有一座别墅，你认为它应该建在哪里？

A. 湖边（2 分） B. 草原上（3 分） C. 海边（5 分）

D. 森林边（10 分） E. 城区（15 分）

13. 你最喜欢以下哪种天气现象？

A. 雪（2 分） B. 风（3 分） C. 雨（5 分）

D. 雾（10 分） E. 雷电（15 分）

14. 你希望自己的房子在一座 30 层大楼的第几层？

A. 7 层（2 分） B. 1 层（3 分） C. 23 层（5 分）

D. 18 层（10 分） E. 30 层（15）

15. 你最喜欢在以下哪个城市中生活？

A. 丽江（1 分） B. 拉萨（3 分） C. 昆明（5 分）

D. 西安（8 分） E. 杭州（10 分） F. 北京（15 分）

下面是分值分析，仅供参考。

180 分以上：意志力强，头脑冷静，有较强的领导欲，事业心强，不达目的不罢休；外表和善，内心以自我为重，对有利于自己的人际关系比较看重，有时显得比较急躁，咄咄逼人，得理不饶人，不利于自己时顽强抗争，不轻易认输；思维理性。

140～179 分：聪明，性格活泼，人缘好，善于交朋友；心机较深；事业心强，渴望成功；思维较理性。

100～139 分：爱幻想，思维较感性，以是否与自己投缘为标准来选择朋友；性格显得较孤傲，有时较急躁，有时优柔寡断；事业心较强，喜欢有创造性的工作，不喜欢按常规办事；性格倔强，言语犀利，不善于妥协；崇尚浪漫的爱情，但想法往往不切合实际。

70～99 分：好奇心强，喜欢冒险，人缘较好；事业心一般，随遇而安，善于妥协；善于发现有趣的事情，但耐心较差；敢于冒险，但有时较胆小；不善于理财。

40～69 分：性情温良，重友谊，性格踏实稳重，但有时也比较狡黠；事业心一般，对本职工作能认真对待，但对自己专业以外的事情没有太大兴趣；喜欢有规律的工作和生活，不喜欢冒险；家庭观念强，善于理财。

40 分以下：散漫，爱玩，富于幻想；聪明机灵，待人热情，爱交朋友，但对朋友没有严格的选择标准；事业心较差，乐于享受生活；意志力和耐心都较差，我行我素。

心灵训练

拓展活动 1：认识自我造句

请你根据自己的实际情况，很快地完成以下 10 个句子，以便你更好地了解自己。

1. 我是______________________________的人。
2. 我是______________________________的人。
3. 我是______________________________的人。
4. 我是______________________________的人。
5. 我是______________________________的人。
6. 我是______________________________的人。

7. 我是____的人。

8. 我是____的人。

9. 我是____的人。

10. 我是____的人。

拓展活动 2：撕掉消极自我标签

举例：我是个不漂亮的人。换成：其实每个人都是平凡的，平凡的我可以有自己独特的生活，让自己做一个快乐的人！请以此为例，撕掉生理、心理、学习、特长这四部分的消极自我标签。

生理

- 我长得不漂亮（不帅）
- 我长得太胖（太瘦）
- 我长得太矮

心理

- 我很胆小、害羞
- 我很易冲动
- 我有些患得患失

学习

- 我某门学科学得不好
- 我学习效率低、反应慢
- 我学习很粗心，经常犯低级错误

特长

- 我不会唱歌，五音不全
- 我体育很差，没一项拿得出手
- 我好像没有任何特长，太平凡了

第二节　激励自我　开发潜能

心海导航

小张，带着对未来的期待、对技能的渴望，来到了某技师学院。在初到学校的一年里，他或许忘却了自己的理想和目标，每日无所事事，时间就这样稀里糊涂过去了，学习、技能毫无长进，他安慰自己说："本就是中考失败者，学不好不打紧。"一次偶然的机会，他认识了电子升学班的一位同学，看着人家每天积极上进，生活充实，自己很羡慕，也想一点一点变得光芒耀眼，希望有一天能跟这位同学肩并肩。此时，他满怀激情，想要为自己的大学梦拼一把，可自己已经错过了一年的学习时间，来到升学班的第一次期中考试，成绩单出来了，自己的名字稳稳地落在最后一个。他迟疑了，或许他真的很差劲，根本没有考大学的能力，他一边迷茫一边自责，对未来又失去了信心。这时班主任老师的一句话点醒了他："不拼一把，怎么知道自己有多大潜力，只要不停下脚步，行动起来，错了没关系，咱们可以改。离考大学还有两年，现在努力还不晚。"接下来的日子里，小张是班里每天最早一个到教室、最后一个回寝室的人，所有的休息日、假期都成了他努力追赶的学习时间。在这个过程中，他曾被一道道解不出的数学题难到痛哭流涕，但是这并不能打倒他。终于，功夫不负有心人，小张参加了高考，以 615 分的好成绩成为当年该省单独招生考试的状元，顺利考入了大学。

小张用自己的切身经历告诉我们每一个人，只要坚持、努力，你终将迎来一个成功的自己。

生活中，有多少人在浑浑噩噩过日子？有多少人在安逸的生活中懈怠？有多少人安于现状、不思进取？有些时候，我们需要危机来激发我们自身的潜能，唤醒我们内心深处被掩藏已久的激情，来实现人生的最大价值。人的平庸，多数不是因为自身能力不够，而是因为安于现状、不思进取，没有激发自己的潜能。

心灵智慧

一、潜能宝藏，人皆有之

潜能就是潜在的能量，如危急时刻急中生智，令人绝处逢生。潜能的动力深藏在我们的深层意识当中，也就是我们的潜意识，是人类原本具备却忘了使用的能力。

每个人都拥有一座潜能的宝藏，等待着我们去发现、去认识、去开发。这种力量一旦爆发出来，将带给我们无穷的信心和能量。美国心理学家威廉·詹姆斯认为："普通人只开发了他蕴藏能力的十分之一，与应当取得的成就相比较，我们不过是在沉睡，我们只利用了我们身心资源的很小一部分，甚至可以说一直在荒废。”没有人知道自己到底具有多大的潜能，我们应该找寻内心真实的自我，激发自己无穷的潜能。每个人的身体里都潜藏着巨大的能量，只要你发现并充分利用这种能量，便可以实现你的理想。

一位著名的德国游泳教练，他本人不会游泳，只能纸上谈兵，却培养出一个个世界游泳冠军。他说出他的训练方法：训练河道长100米，一头是浅水，另一头是深水。一般教练为保证队员的安全，让队员自深水带游向浅水带，他却让队员从浅水带游向深水带，因为最后是深水带，游不动就会沉下去丢掉性命，所以队员必须发挥最大潜能游过深水带。相反，从深水带游向浅水带，起初拼命最后放松，因为游不动时并没有危险。跟这位德国教练训练的队员只有向前拼命游，没有退路。

二、激励自我，激发潜能

美国心理学家威廉·詹姆斯通过研究发现：一个人在没有受激励的情况下，仅能发挥其能力的20%～30%，而在受到激励时，其能力可以发挥至80%～90%。也就是说，同样一个人，在充分激励后所发挥的能力是激励前的3～4倍。在成功的道路上，如果我们能够充分地自我激励，那么一定会事半功倍。要知道，人类的很多行为都是在受到激励之后产生的。我们通常都会自觉或不自觉地激励别人，让其更好、更快地完成工作，但与此同时，我们还需要不断地进行自我激励，这样我们的内心就会产生一种动力，让我们更有勇气和毅力朝着既定的目标努力，更有可能取得成功。能够激励人的因素有很多，如人的本能、想法、态度、愿望、情绪等，都有可能成为激励的原动力。所以说，每个人都是一个未经挖掘的地下宝藏，只要找到正确的途径，肯定能顺利地打开它，到那时，你的人生将会发生翻天覆地的变化，而这个途径就是自我激励。只有当人受到一定的激励之后才会挖掘出自己的潜能，为了成功，我们必须学会激励自己。

三、激励有法，强大自我

自我激励是一种积极挖掘潜能、发挥潜能的方式，能够让渴望成功的我们拥有更多的能力去获得成功。但值得注意的是，自我激励不是自我为难，一定要将其把握在适当的范围内，否则很可能给自己的身心带来伤害。比如，为了成功，自律是必要的，但是如果自律过度，变成了苛刻地对待自己，那么就会让自己身心疲惫，这不仅会让我们感到不幸福，而且不利于我们成功。一个良好、和谐的心理状态是获得成功并持续成功的前提。下面是培养自我激励能力的几种方法。

1. 给自己制定一个明确的目标

一个清晰明确又具体的目标往往能够更好地激励人奋勇向前，很多人因为没有做好这一点，让自己在奋斗的道路上迷失了方向，不知道究竟该往哪里走。如果一个人的目标不能给予他力量，那么这个目标也就失去了其应有的意义。

2. 让自己远离安逸

太安逸的生活会在很大程度上消磨一个人的斗志，所以不应该总是躲在一个安逸的小角落，这样不利于我们发挥更大的潜能。在适当的时候把自己放在有一定危险的区域内，会在很大程度上开发个人潜能。

3. 对危机有正确的认识

对于弱者来说，危机是一座无法翻越的大山；对于强者来说，危机是一块垫脚石。勇敢地接受危机、挑战危机，不躲避危机，是每一个想要取得成功的人应该具备的基本素质。

4. 从小事着眼

一点一点地增强自信心并获得成功是进行自我激励的最好方法。我们不应该把目光全部放在所谓的大事上，而应把自己当作一幅需要细致描绘的画，从细微处着眼，打造一个完美的自我。当我们做好一件件小事的时候，信心就会渐渐地增强。日积月累，我们就会成为非常自信的人，也更容易成功。

5. 不要害怕犯错

人应该敢于犯错，不要因为害怕出错而停滞不前。只有敢于犯错的人才能够在失败中总结经验，进而取得更大的进步。

在追求成功的道路上，只有善于进行自我激励的人才能够勇敢地接受各种各样的挑战。让我们谨记以上这些方法，进行积极的自我激励，战胜自己的缺点，成就自我。

心理视角

有种奇迹叫妈妈

这是一个发生在日本的真实故事。一天，一位母亲上街购物，把 4 岁的儿子单独留在家中。购物返回，走至自家楼房对面，突然发现儿子正趴在阳台上。在她看见儿子的同时，儿子也惊喜地发现了她。她下意识地摆摆手示意儿子赶紧离开阳台，可儿子却错误地理解她手势的意思，做一个拥抱的姿势向她扑来——儿子一脚踩空，从12楼跌了下来。

“儿子——”在那一瞬间，一声尖利的呼喊仿佛要撕破人们的耳膜。人们都知道即将发生的场面惨不忍睹，个个都埋下了头。

但谁也没有想到，就在人们闭上眼睛的一刹那，有一道黑影不顾一切地从人们跟前穿过，绕过川流不息的车辆，越过一条马路，向孩子坠落的地方冲去。等到人们回过神来，发现这位妈妈正跌坐在地，4岁的儿子在她怀里哇哇大哭，儿子安然无恙，她却脸色惨白。

事后，人们做过一次次模拟试验：从12楼窗口扔下一个枕头，让最优秀的消防运动员和世界短跑冠军从相同距离飞身来救。试验了很多次，结果始终差得远，人们可能永远都看不到那个真实的坠落过程，但能看到母亲的速度，它超越生命极限，不为获得世界冠军，仅仅为保护自己孩子的生命。生命的潜能足以震惊生命本身。

【感悟】由上述事例可见，一个人通常都存有极大的潜在体力，还告诉我们另一项更重要的事实，母亲在危急情况下产生的这种超常的力量，并不仅是肉体反应，还涉及精神的力量。特定时刻，母爱能激发出超越个体生命极限的潜能，这就是母爱的力量。

非洲蜂的潜力

在非洲中部干旱的大草原上，有一种肥胖臃肿的巨蜂叫非洲蜂。非洲蜂的翅膀非常小，脖子也很粗短。用流体力学来分析，它们的身体和翅膀的比例是不符合飞行条件的。从生物学的角度讲，在能够飞行的物种当中，这种蜂的飞行条件是最差的，甚至连鸡、鸭都不如，但是这种蜂在非洲大草原上能够连续飞行250千米。英国科学家戴维斯对此进行了观察研究。通过观察发现，非洲蜂平时藏在岩石缝隙或草丛里，只要有食物，它们就不起飞，一直爬行。可当它们发现这一地区即将面临干旱没有食物的时候，它们就会成群结队地迅速逃离，向着水草肥美的地方飞行。难道这种蜂的飞行与食物有关吗？为此，戴维斯做了一个实验，他在一个封闭的大房子里，设置了水草肥美的环境，捉来十只非洲蜂放入房子中，并保持这种环境半年。戴维斯通过观察发现，十只非洲蜂半年来竟然没有一只起飞过。半年后，研究人员又把这十只非洲蜂挪到了干旱荒芜的环境里，这十只非洲蜂都开始起飞了，可大部分都是刚飞起一会儿便掉了下来，有的则光拍动翅膀，根本就飞不起来，最后只能饿死。

由此，戴维斯得出结论：在干旱恶劣的自然环境中，非洲蜂要想生存，必须不停地飞翔寻找水草肥美的地方。而就是这长年累月的不断飞行，造就了非洲蜂不同寻常的飞行本领。

【感悟】生活中，我们都喜欢舒适安逸的环境，然而就是这样的环境磨灭了我们的潜能。大草原上的非洲蜂让我们懂得：许多看似不可能完成的任务都是在坚强意志的驱动下完成的，极度的执着往往能激发出我们的潜能，并最终达成目标。

热情的力量

意大利文艺复兴时期，著名艺术家米开朗琪罗在他73岁的时候已经衰老不堪，躺在床上难以起身。教皇的特使来到他的床前，请他去绘制西斯廷教堂圆顶壁画。他思量再三，终于同意了，但提出了一个奇怪的条件：不要报酬。

因为他觉得自己最多只能干几个月，如果运气足够好的话，可以干一两年。既然注定无法完成，也就不应该索取报酬了。教皇同意了这个条件。于是，这个70多岁的老人起了床，颤巍巍地来到教堂，徒手爬上五层楼高的支架，仰着头创作，从此一发不可收拾，他竟然越画越有干劲，体力与智力越来越好。他足足画了16年，到他89岁的时候，终于完成了这项永载史册的艺术巨作。

最后一次走下支架的米开朗琪罗显得容光焕发，他兴奋极了，穿上厚重的骑士铠甲，手持长矛，骑上战马，像个疯子一样到旷野中奔驰，欢呼自己的胜利。在完成这项任务以后不到一年时间，米开朗琪罗就去世了。

在这个小小的故事中，米开朗琪罗创造了两个奇迹：一个是艺术史上的奇迹——西斯廷教堂圆顶壁画；另一个是生命的奇迹，一个卧床难以起身的老人不可思议地又活了16年，而且越活越精神。是什么力量让米开朗琪罗创造了这两个奇迹呢？答案很简单——热情，创作的热情。

【感悟】热情是支撑生命的元素，是完成一切伟大事业不可缺少的动力。有了热情，人们可以创造出很多奇迹；没有热情，再伟大的奇迹也将被慢慢侵蚀，直至毁灭。

趣味测试

测测你的潜能开发情况

一个人大脑潜能的开发程度决定一个人的命运。那么，你的潜能开发到什么程度了？你的潜能何时出现呢？完成下面的测试就能知晓。

现在你被关在一个密室里，在你的眼前有一颗定时炸弹即将引爆。你盯着炸弹上的数字直发抖，用你的直觉想一想，你认为还剩下几分钟炸弹就会爆炸了？

A. 40 分钟以上

B. 26 分钟到 40 分钟

C. 11 分钟到 25 分钟

D. 10 分钟之内

测试结果：

选 A：大器晚成型。虽然在很早的时候你也发挥过你的才能，但那仅仅是你真正才能的一半而已，并没有完全发挥出来，需要 10 年以上的时间，你的潜能才会出现。把之前得来的经验累积起来，将是你日后一笔庞大的财富。建议你有机会多看看书，多和人接触、交往，将会无往不胜。

选 B：需要长一点时间你的潜能才会出现。从现在开始算起约 10 年后，就是你最有希望的时期。在这一时期，你会经历一次很大的转变，多多拓展你的人际关系，将会对你有所帮助。

选 C：你的潜能将在 3～5 年内出现。你要一直持续做你感兴趣的事情，总有一天，你会更上一层楼。所以，若是你现在还没有成功，请不要气馁，继续努力。

选 D：你的潜能在 3 年之内就会出现，而且是在你完全没有心理准备的情况下突然出现的。你不妨试着挑战一些你自己认为做不到的事情，可能会有出人意料的惊喜。

心灵训练

自我探索训练营

请你准备好纸和笔，然后填写下面的表格。最好和朋友一起完成，然后分享。读出自己的三个“我”，朋友给予回应，共同探索和纠正你对自我的认识。

	理想中的我	现实中的我	别人眼中的我
身高			
体重			
相貌			
家庭条件			
生活能力			
性格			
人际关系			
爱好或特长			
健康状况			
理想抱负			

训练结束后，请大家静下心来想一想，问一问自己：我对“现实中的我”满意吗？如果不满意，有哪些地方是通过努力可以改变的？我努力了吗？我对自己负责任了吗？我是否经常为无法改变自我而忧虑？我是不是很在意别人的评价？我为“理想中的我”制订过一个切实可行的行动计划了吗？我是否在持续不断地为理想而行动？“现实中的我”与“别人眼中的我”“理想中的我”是否基本一致？如果出入较大，原因是什么？

第四章

我的情绪我做主

第一节　情绪面面观

心海导航

小文是一名中学生，活泼开朗，积极乐观，乐于助人，有很多的好朋友，是大家眼中的开心果。本学期开学，由于她成绩优异，老师让她当了班长，从此，她的生活发生了变化，她经常听到有同学说她高傲自大，不合群，不讲友情，渐渐地，朋友们都和她疏远了。生活中的快乐也少了很多，她每天都很苦恼，原来积极乐观的小文变得沉默寡言，敏感脆弱，愁容满面，总会因为一点小事就乱发脾气。她讨厌现在的自己，不知道这是怎么了，更不知道如何才能改变这种状态。

小文的烦恼源于角色转换带来的人际关系紧张，进而引发情绪方面的问题。小文当上班长之后，由于角色的转变，导致自己在处理同学关系、朋友关系时与以往不同，所以周围同学会有不适感和抱怨，他们的反应和态度又引起小文情感的不适，小文又未能及时找到原因，所以最后以发泄情绪的方式表现出来。

其实，这种问题是由于不能客观认识情绪的种类及产生的原因，不能合理调控情绪导致的。

心灵智慧

一、认识情绪

情绪是人对客观事物是否满足自己的需要而产生的态度体验。面对同一客观事物，由于人的需求不同，体验也不一定相同，例如看到满地金黄的落叶，有的人感到凋零的凄凉，有的人体验到成熟的喜悦。一般来说，如果客观事物能够满足需求，则会引起积极情绪，比如快乐、愉悦、兴奋等；如果客观事物不能满足需求，则会引起消极情绪，比如悲伤、愤怒、焦虑等。

二、人类的四种基本情绪

人的情绪非常复杂，往往同时体验到多种情绪，但是喜、怒、哀、惧是心理学家公认的人类基本情绪，也就是我们常说的快乐、愤怒、悲哀、恐惧。

快乐通常是指一个人所追求的目的达到后，紧张状态随之解除时的情绪体验。这种体验的程度与所追求目的的价值成正比，目的达到和紧张解除的突然性，可以影响快乐的程度。例如，一场实力悬殊的比赛，强者轻易取胜，只会感到轻微的喜悦，但如果弱者经过努力，经历一段紧张情绪后反败为胜，就会感到无比的快乐。幽默、趣事、音乐、喜剧等也可以带来快乐，而此时的喜悦程度就取决于愿望满足和舒适感的强弱了。

愤怒往往是由于遇到与愿望相违背的事或者目的和愿望不能达到或实现，并一再受到妨碍下产生的情绪体验。愤怒的产生取决于阻碍目的达到的顽固性，以及受阻扰的识别程度，特别是当个体认识到所遇到的挫折是不合理的，或是被人恶意制造的时候，最容易产生愤怒。愤怒的行为表现是打骂、搏斗或摔砸。

悲哀是与失去所热爱、所追求的事物以及希望破灭有关的情绪体验。悲哀的程度取决于个体对所失去东西价值的认识，深切的悲哀大多是因为失去贵重的东西，如失去亲人就常常引发极度的悲哀。深度的悲痛情绪往往比较强烈、持久；轻度的悲哀可以是微不足道的失望或遗憾。所以，悲哀的体验是从遗憾、失望到难过、伤心、悲痛、哀恸，渐次增强。

恐惧是一种企图摆脱、逃避某种特定处境的情绪体验。恐惧感的产生往往是由于缺乏处理或摆脱可怕情景或事物的能力，引起恐惧的关键因素是缺乏应急能力。恐惧比任何一种情绪更具感染力。旁观者在看到或听到恐怖事情的发生时，常常也会引起自己的恐慌。一个人在恐惧中叫喊，能使他人产生与呼叫者相同的感受，这就是情绪状态的信息传递作用。恐惧可引起相应的神色和行为改变，也可导致尿失禁、精神失常、心脏病突发等异常情况的发生，因此要防止过分的、突然的惊吓。

三、青春期情绪的特点

青春期是人生的“第二次断乳期”。这个时期的青少年情绪波动体验剧烈，情感活动广泛且丰富，表现出很明显的心理年龄特征。

1. 丰富性和细腻性

随着社会的逐步发展，青少年交往范围日益扩大，通过学习各种社会道德规范，对自己的身份、角色、志向、价值等问题有了更深入的思考，其道德感和理智感、美感等高级情感日益丰富和深化，对人际关系也有了更深入的了解，因而也变得情感细腻，对别人的言语和行为变得敏感。

2. 爆发性和冲动性

青少年对各种事物比较敏感，自我意识迅速发展，自控能力较弱。一旦激起他们某种性质的情感、情绪，就如火山般猛烈爆发出来，表现出强烈的激情特征，情感、情绪冲破理智的意识控制，淋漓尽致地显露出他们对外界事物的爱、恨、不满或恐惧、绝望等。

3. 不稳定性和两极性

青少年的情绪虽然强烈，但波动剧烈，两极性明显，且很不稳定，很容易从一个极端剧烈地转向另一个极端，他们对事物的看法比较片面，很容易产生偏激心理。

4. 外露型和内隐性

随着年龄的增长、认知范围的扩大、个人经验的积累，青少年逐渐学会控制自己的情感表现和行为反应。他们既表现出强烈的情感、情绪反应，喜怒哀乐都会表现在脸上，又能逐渐掩饰、压抑自己的情绪。

5. 心境化和持久化

一方面，青少年会因为成功或收获而使快乐的情绪体验延长成为积极良好的心境；另一方面，因挫折或失败会使不愉快的消极情绪延长为不良的心境。青少年的许多不良情绪往往具有情绪心境化色彩。

四、情绪无好坏之分

情绪一般只划分为积极情绪、消极情绪，并无好坏之分。所有情绪都有意义，所有情绪体验都能增加生活的丰富性，但是由情绪引发的行为及其后果则有好坏之分。所以，情绪管理并非是消灭情绪，也不是要驱除或者压抑情绪，而是要调整情绪的表达方式。

心理视角

操纵好情绪的“转换器”

有一天，一位心理学教师给学生上课时，拿出一只十分精美的咖啡杯，当学生们正在赞美这只杯子的独特造型时，教师故意装出失手的样子，将咖啡杯碰掉地上，摔成了碎片。学生们不断发出了惋惜声。教师指着咖啡杯的碎片说：“你们一定对这只杯子感到惋惜，可是无论如何，惋惜都无法使咖啡杯恢复原状。今后，在你们的生活中，如果发生了无可挽回的事情，请记住这只破碎的咖啡杯。”

【感悟】这是一堂很成功的心理素质教育课，学生们通过摔碎的咖啡杯懂得了：人在无法改变失败和厄运时，要学会接受它、适应它。任何人遇到困难，情绪都会受到影响，这时一定要操纵好情绪的“转换器”。

是沙子还是珍珠？

有一个年轻人，认为自己很有才华，但在生活中遇到很多挫折，于是便觉得活着没有意思。有一天，他决定跳海自杀，但他刚跳下去就被一个老渔民用渔网捞了起来。

他很生气，冲着老渔民嚷道：“你什么意思？把我捞起来干什么？”

老渔民说道：“年轻人，为什么跳海呀？你这么年轻多可惜呀！”

于是，年轻人就对老渔民诉说了他怀才不遇的遭遇。

老渔民听完，说道：“哎呀，你今天遇到我，运气来了。我正好是医治怀才不遇的专家，我帮你治治吧。”

年轻人很诧异，急忙问老渔民医治之法。

老渔民说："我有秘诀，如果你想知道，就必须答应我一个条件。"

老渔民说着，顺手从沙滩上拣起一粒沙子，往旁边一扔，说："年轻人，帮我去把我刚才扔掉的那粒沙子拣过来，然后我就告诉你。"

年轻人听了很生气，说道："你想耍我呀！这么多沙子，我怎么知道哪粒是你扔掉的呀？"

老渔民听了，笑着说："别生气，我还有个条件，如果你满足了我这个条件，我也告诉你。我这里有一颗珍珠，我把它扔到沙滩上，你去给我找回来。"

年轻人轻而易举地把珍珠拣了过来，交给了老渔民，并且很虔诚地说："老人家，我把珍珠捡回来了，可以告诉我秘诀了吗？"

老渔民一脸慈祥，说道："年轻人，秘诀我已经讲完了。"

【感悟】有些人之所以有怀才不遇的感觉，是因为自己是无数沙子中的一粒，跟旁边的沙子没有太大的区别；但如果自己是一颗珍珠，那么就会很容易被伯乐发现。这个世界上不是没有伯乐，而是因为自己不是一匹真正的千里马，所以别人不能一眼就辨认出来。

为何不快乐？

周末，小雨和好友小芳去风景区游玩。天气预报说有雨，两人都带了伞。那天果然下起了大雨，游人很多，有不少人没带伞，大雨瓢泼而下，他们立刻就被淋成了落汤鸡，一个个狼狈不堪。小雨和小芳安然无事，雨水只是打湿了一点裤腿，鞋子沾上了一点泥巴。那天两人玩得很高兴。过了一天，她们去另一个地方游玩。天气预报还是说有雨，两人照旧带了伞。可是那天却没有下雨，雨伞成了两人手中的累赘。当看到其他游客没有带伞，两手空空十分轻松的样子，小雨就开始后悔不该带伞，很不高兴。小芳对她说："你应该高兴才是。昨天雨水打湿了你的裤子，泥巴弄脏了你的鞋子，今天一身清清爽爽，为什么不高兴呢？"小雨说："昨天大雨把别人淋成落汤鸡却没把我淋着，所以我快乐；今天别人手里没有累赘而我有累赘，所以我不快乐。"

【感悟】一个人快乐与否，真正起决定作用的是自己内心的想法，内心的想法会影响情绪的表达，一个人的喜怒哀乐取决于自己思考问题的角度、乐观程度以及思考问题的方式方法，所以快乐是自己给自己的。我们要学会调节自己的情绪，不能轻易地受外界的影响和左右。

趣味测试

情绪状况测试问卷

请你根据题目的描述，在每个问题后面的答案中选择“是”或“否”，答案无对错、好坏之分，请你根据实际情况认真作答。

性别：______________班级：______________

1. 你常常无缘无故地感到无精打采和倦怠吗？（　　）

A. 是　　　　B. 否

2. 你是一个多忧多虑的人吗？（　　）

A. 是　　　　B. 否

3. 你觉得自己是一个神经过敏的人吗？（　　）

A. 是　　　　B. 否

4. 你是否常常觉得人生非常无味？（　　）

A. 是　　　　B. 否

5. 你是否总在担心会发生可怕的事情？（　　）

A. 是　　　　B. 否

6. 你的心情是否常有起伏？（　　）

A. 是　　　　B. 否

7. 你曾经无缘无故地觉得“真是难受”吗？（　　）

A. 是　　　　B. 否

8. 你常感到孤单吗？（　　）

A. 是　　　　B. 否

9. 你是否认为自己很紧张，如同拉紧的弦一样吗？（　　）

A. 是　　　　B. 否

10. 当别人指出你的差错及缺点时，你是否容易在精神上受挫？（　　）

A. 是　　　　B. 否

分数解释：

每题回答“是”记1分，回答“否”不记分。

1～3分：情绪稳定型。情绪反应缓慢、微弱；即使情绪激动也很容易恢复平静，即使生气也是有控制的；通常表现得平静、稳重、温和、不紧张；善于自我控制。

4～7分：中间型。

8～10 分：情绪不稳定型。常常焦虑、忧郁、紧张、易怒；对刺激会产生过分强烈的情绪反应；情绪一旦被激发就很难平静下来；过度的情绪反应会导致出现不够理智的行为。

心灵训练

拓展活动 1：情绪脸谱大比拼

情绪是我们一辈子的朋友，从呱呱落地开始，情绪就无处不在，从小到大，从大到老，情绪会伴随我们度过生活中的每一天，它会告诉我们身体的感受，也会提醒我们心情的变化，因此，情绪是我们一辈子最贴心、最贴身的好朋友。让我们来深入认识它吧！

每一种情绪都有一个名字，当情绪到来的时候，我们要知道这个好朋友是谁，能叫出它的名字，我们才有资格做情绪的主人！

下面请大家两人一组，轮流表演情绪脸谱中的情绪。一人表演，另一人猜。在对方表演的时候，请你记录他（她）的面部表情和肢体动作。

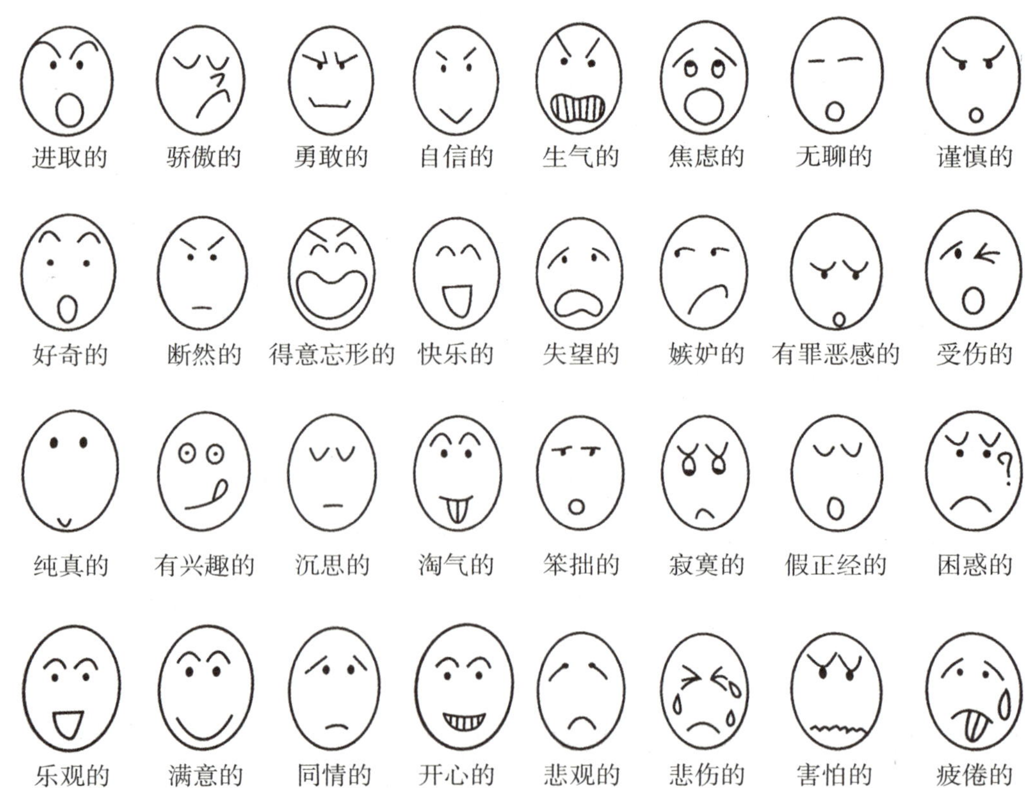

	名称	面部表情	肢体动作
表情 1	生气的	眉毛上挑、眼睛圆睁	拳头紧握、全身肌肉绷紧等
表情 2			
表情 3			
表情 4			
表情 5			
表情 6			
表情 7			
表情 8			

拓展活动 2：状况剧

状况剧就是把日常生活中的事情演出来。我们可以根据状况剧设定角色和相应的角色签。例如，小明被凶恶的狗追赶，很害怕。角色——害怕的小明、高兴的小明、可爱的狗、凶恶的狗。请 4 位同学上台表演角色签中的内容，其余同学则细心观察，分辨哪两个人演的是状况剧中的角色。

你猜对了吗？从他们的表演中，你能看出来是什么情绪吗？你是根据什么猜出来的？

____

____

____

____

第二节　做情绪的主人

心海导航

雨彤和梦蝶是某市一所技工学校的学生，也是一对好朋友，上课、吃饭、上厕所，总是可以看到她们两人在一起，形影不离。这天下午下课后，她们没有回宿舍休息，而是在教室聊天。雨彤平时大大咧咧，说话没轻没重，她和梦蝶开玩笑说："你看你眼睛那么小，长得多丑！"正值青春期的梦蝶本来就很在意自己的外表，听到雨彤这么说，一下子就生气了。她气呼呼地说："你以为你很好看吗？皮肤那么黑，黑得跟个煤球一样！"说完还推了雨彤一下。雨彤看到梦蝶生气了，赶紧跟梦蝶道歉。但不良情绪已经把梦蝶吞噬了，不管雨彤怎么道歉，她还是很生气，于是抬脚就朝雨彤踹过去，雨彤一下子就从椅子上摔倒在地上，嘴正好磕到了桌子上，满嘴都是血。梦蝶一看，雨彤的门牙掉了，吓得她赶紧带雨彤去医务室，后悔得一直掉眼泪……

亚里士多德曾说："每个人都会发怒，这很简单。但在恰当的时间，以恰当的动机，用恰当的方法表达恰当程度的愤怒，并不是每个人都能做到的易事。"梦蝶和雨彤原本是一对好姐妹，互相开开玩笑、谈谈心，雨彤虽然玩笑开过了头，但梦蝶的反应有些激烈，因为控制不住自己的不良情绪，导致好朋友门牙被磕掉了，她们的友谊也不知道能否继续维系下去。

心灵智慧

一、控制情绪的重要性

当心情出现波动和异常的时候，很容易导致疾病的产生，也容易影响正常的学习和生活，情绪失控造成的各种并发症也是很多的。

1. 情绪与我们的身体健康息息相关

我们身体的各个器官都在大脑的指挥下有条不紊地分工合作，维持我们的生命活动。如果我们心情平和，各个器官就会彼此协调，身体也就没有什么大病。如果我们总是大喜大悲，那么各个器官就会彼此"打架"。一旦超过身体可承受的负荷，那么我们的大脑也会负担过重，导致身心失衡，出现各种疾病。

例如：不良情绪会导致胃肠疾病的出现，人伤心的时候会感觉到胃疼，导致食欲变差或者暴饮暴食，从而给肠胃带来影响；另外，思虑过多也会导致头疼、抵抗力下降，从而产生疾病。

2. 不良情绪会影响我们的学习和生活

在我们的学习和生活中，情绪常常伴随左右，影响着我们的活动质量和效率，而不良情绪会导致出现学习效率低下、生活质量不高等情况。因此，正确调控情绪，可以使我们达到最佳的学习和生活状态。

3. 情绪对人际关系的影响

人是群体动物，协调好人际关系是我们生活中很重要的一部分，情绪健康、心胸宽广、个性得到全面和谐的发展，是维系正常人际关系的纽带。一个微笑、一次握手、一个拥抱、一次认真的倾听，一句温暖的话语，都会起到沟通心灵、增进友谊的效果。而冷漠、暴躁等不良情绪会影响人际交往，破坏团结和友谊，使他人远离你。

二、调节和控制情绪的方法

拿破仑有一句名言：能控制好自己情绪的人，比能拿得下一座城池的将军更伟大。每个人都会有负面情绪，如果不能正确处理好负面情绪，会给自己的学习、生活以及人际交往带来很多不便。因此，我们不仅要认识不良情绪给我们的生活带来的危害，更要学会如何调节和控制情绪。

1. 改变认知法

谈到情绪管理，首先要向大家介绍一个非常重要的理论——情绪 ABC 理论。情绪 ABC 理论是由美国心理学家埃利斯创建的，他认为激发事件 A（activating event）只是引发情绪和行为后果 C（consequence）的间接原因，而引起行为后果 C 的直接原因则是个体因对激发事件 A 的认知和评价而产生的信念 B（belief）。

如下图所示，A 指事情的前因，C 指事情的后果，有前因必有后果，但是有同样的前因 A，产生了不一样的后果 C_1 和 C_2。这是因为从前因到后果之间，一定会有一座桥梁 B，这座桥梁就是信念，也就是人们对事件的想法、解释和评价等。

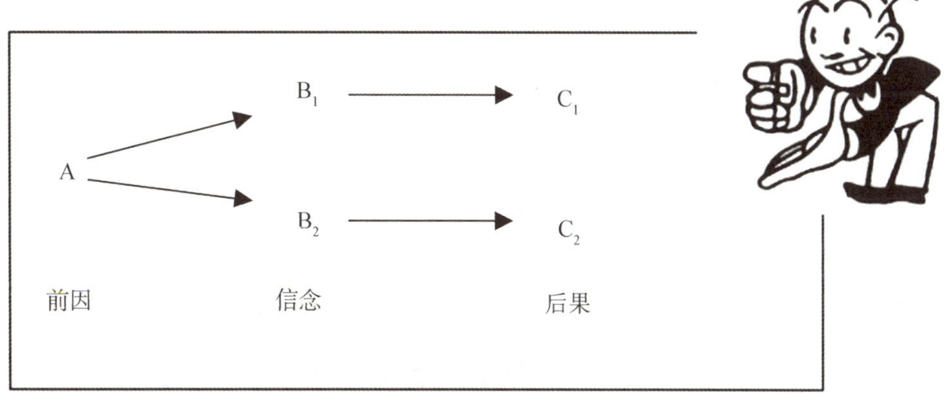

埃利斯认为，事情发生的一切根源是我们的信念，正是由于我们常有的一些不合

理的信念才使我们产生情绪困扰。如果这些不合理的信念存在时间较长，还会引起情绪障碍。

因此，要想摆脱这些情绪困扰，就要改变我们对某些事情的不合理信念，这种方法称为改变认知法。比如高考前很多考生会紧张、焦虑，严重的会失眠。这是因为这些考生认为高考是决定命运的重要时刻，进而产生“考不上大学这辈子就完了”之类的想法。须知，高考固然重要，但并不一定“一考定终身”，人生的出路也并非只有高考。只有改变了认知，才能缓解焦虑，以轻松的心态迎接高考，乃至将来人生的每一次“考试”。

2. 合理宣泄法

过分压抑只会让情绪困扰加重，而适度的宣泄则可以把不良情绪释放出来，从而使焦虑、紧张情绪得以缓解。比如：找朋友、老师、家长或者其他可以信赖的人，发发牢骚，通过交谈宣泄郁闷；通过日记或者随意在纸上书写文字发泄不愉快情绪，然后将其保留或撕掉；打球、跑步、踩气球、撕纸、摔枕头、逛街、唱歌、朗诵、喊叫及哭泣等都可以作为宣泄情绪的方式。但要注意，不可随便发泄或过度发泄，需要选择合适的场合和对象，以免引起不良后果。

3. 注意转移法

注意转移法也叫焦点转移法，是指把注意力从产生消极、否定情绪的活动或事物上转移到能产生积极、肯定情绪的活动或事物上来。如音乐陶冶转移法、语言节制法。

音乐陶冶转移法，是指让具有否定情绪的受挫者欣赏优美、积极的音乐，使其情绪得到转移的方法。

采用语言节制法，一旦情绪激动，可以默诵或轻声自我警告“保持冷静”“不要发火”“要注意自己的形象和影响”等，想尽办法抑制住自己的情绪；也可以针对自己的弱项，预先书写“制怒”“淡定”等条幅置于案头或悬挂在墙上。

4. 情绪升华法

升华是指改变不为社会所接受的动机和欲望，而使其符合社会规范和时代要求，是对消极情绪的一种高水平的宣泄，将不良情绪引向对人、对己、对社会有利的方向。具体做法如背诵、记数、画画、书法、养小动物或投身福利事业。

心理视角

可怕的嫉妒

洋洋是一个非常聪明且刻苦的孩子，今年刚刚考上了市重点高中。他以前学习成绩一直名列前茅，进入高中却成了一名普通得不能再普通的学生，他一时接受不了，终日闷闷不乐，不知该如何是好。这天，期中考试成绩发下来了，他比同桌少了20分。同桌看到自己的成绩很开心，问洋洋："你考了多少分？我看看。"边说边去拿洋洋的卷子。洋洋觉得很丢人，一把将自己的卷子拽了过来。洋洋越想越觉得同桌是故意嘲笑自己，陷入痛苦中，与同桌关系逐渐疏远。从那以后，有什么难题他都不愿意问老师和同学，怕大家嘲笑自己。这天，随堂练习时，洋洋被一道题难住了，但他不愿意虚心求教。此后，他落下的功课越来越多，成绩越来越差，在网吧玩游戏的时间却越来越多，并结交了很多社会上的"小混混"，和他们称兄道弟。期末考试成绩出来了，他又退步了15名，但同桌进步了5名，看到同桌兴奋的表情，洋洋暗暗在心中埋下了嫉妒的种子。放学后，他召集社会上的青年把同桌打了一顿，导致同桌重伤住院，他也受到了法律的制裁，万分懊悔。

【感悟】嫉妒是一种负面情绪，如果不能合理地调控，我们就会成为嫉妒的奴隶。洋洋应该正确看待他人的长处，取长补短。

台球王子的陨落

爱打台球的人都知道路易斯·福克斯，在台球界，他是一个叱咤风云的人物，曾多次获得世界冠军。然而，就是这么一位大师级别的人物，最后却因为一只苍蝇而赔上了性命。

1965年，路易斯参加国际台球大赛。没用多久，他的比分就已遥遥领先。这时，一只苍蝇不经意间落在了母球上。起初路易斯并没有在意，他挥手赶走苍蝇，俯下身摆好姿势准备击球。可刚飞走的那只苍蝇又飞回来了，而且不偏不倚地重新落在母球上。路易斯只得再次赶苍蝇，可这只讨厌的苍蝇似乎存心要跟路易斯过不去，每次都照样落回母球上。路易斯终于发火了，他挥起球杆向苍蝇打去。结果这一杆不慎碰到了母球，按照比赛规则，路易斯已经算是击过球了，他只好返回到自己的座位上。此后，对手约翰·迪瑞上台击球，他抓住这次千载难逢的机会，一口气把剩下的台球悉数击入球袋，获得了比赛的冠军。

心高气傲的路易斯无法接受失利的结局。第二天，有人在河里发现了他的尸体，路易斯投河自尽了。

【感悟】一只小小的苍蝇让这位台球天才在阴沟里翻了船，还让他赔上了性命。路易斯是纵横台球界的天才，但他却成了自身情绪的奴隶。

在成功的路上，最大的敌人其实是缺乏对自己情绪的控制。愤怒时不能制怒，使周围的合作者望而却步；消沉时放纵自己的萎靡，把许多稍纵即逝的机会白白浪费。

趣味测试

第 1～9 题：请从下面的问题中，选择一个和自己最切合的答案，但尽可能少选中性答案，将答案填在右边横线处。

1. 我有能力克服各种困难：________

A. 是的　　B. 不一定　　C. 不是的

2. 如果我能到一个新的环境，我要把生活安排得：________

A. 和从前相仿　　B. 不一定　　C. 和从前不一样

3. 一生中，我觉得自己能达到我所预想的目标：________

A. 是的　　B. 不一定　　C. 不是的

4. 不知为什么，有些人总是回避我或对我很冷淡：________

A. 不是的　　B. 不一定　　C. 是的

5. 在大街上，我常常避开我不愿打招呼的人：________

A. 从未如此　　B. 偶尔如此　　C. 有时如此

6. 当我集中精力工作时，假使有人在旁边高谈阔论：________

A. 我仍能专心工作　　B. 介于 A、C 之间　　C. 我不能专心且感到愤怒

7. 不论到什么地方，我都能清楚地辨别方向：________

A. 是的　　B. 不一定　　C. 不是的

8. 我热爱所学的专业和从事的工作：________

A. 是的　　B. 不一定　　C. 不是的

9. 气候的变化不会影响我的情绪：________

A. 是的　　B. 介于 A、C 之间　　C. 不是的

第 10～16 题：请如实选答下列问题，将答案填在右边横线处。

10. 我从不因流言蜚语而生气：________

A. 是的　　B. 介于 A、C 之间　　C. 不是的

11. 我善于控制自己的面部表情：________

A. 是的　　B. 不太确定　　C. 不是的

12. 就寝时，我常常：________

A. 极易入睡　　B. 介于 A、C 之间　　C. 不易入睡

13. 有人侵扰我时，我：________

A. 不露声色　　B. 介于 A、C 之间　　C. 大声抗议，以泄己愤

14. 在和人争辩或工作出现失误后，我常常感到精疲力竭，不能继续安心工作：

____

A. 不是的　　B. 介于 A、C 之间　　C. 是的

15. 我常常被一些无谓的小事困扰：________

A. 不是的　　B. 介于 A、C 之间　　C. 是的

16. 我宁愿住在偏僻的郊区，也不愿住在嘈杂的市区：________

A. 不是的　　B. 不太确定　　C. 是的

第 17～25 题：请从下面的问题中，选择一个和自己最切合的答案，但尽可能少选中性答案，将答案填在右边的横线上。

17. 我被朋友、同事起过绰号、挖苦过：________

A. 从来没有　　B. 偶尔有过　　C. 这是常有的

18. 有一种食物使我吃后呕吐：________

A. 没有　　B. 记不清　　C. 有

19. 除去看见的世界外，我的心中没有另外的世界：________

A. 否　　B. 记不清　　C. 是

20. 我会想到若干年后有使自己极为不安的事：________

A. 从来没有想到　　B. 偶尔想到　　C. 经常想到

21. 我常常觉得自己的家庭对自己不好，但是我又确切知道他们的确对我好：________

A. 否　　B. 不清楚　　C. 是

22. 每天我一回家就立刻把门关上：________

A. 否　　B. 不清楚　　C. 是

23. 我坐在小房子里把门关上，但我仍觉得心里不安：________

A. 否　　B. 偶尔是　　C. 是

24. 当一件事需要我做决定时，我常觉得很难：________

A. 否　　B. 偶尔是　　C. 是

25. 我常常用抛硬币、翻纸、抽签之类的游戏来预测吉凶：________

A. 否　　B. 偶尔是　　C. 是

第 26～29 题：下面各题，请按实际情况如实回答，仅需回答“是”或“否”即可，在你选择的答案下打“√”。

26. 为了工作我早出晚归，早晨起床我常常感到疲惫不堪：

是　否

27. 在某种心境下，我会因为困惑陷入空想，将工作搁置下来：

是　否

28. 我的神经脆弱，稍有刺激就会使我战栗：

是　否

29. 我常常被噩梦惊醒：

是　否

第 30～33 题：本组测试共 4 题，每题有 5 种答案，请选择与自己最切合的答案，在你选择的答案下打“√”。

答案标准如下：1＝从不　2＝几乎不　3＝一半时间　4＝大多数时间　5＝总是

30. 工作中我愿意挑战艰巨的任务：

1　2　3　4　5

31. 我时常发现别人的好意：

1　2　3　4　5

32. 我能听取不同的意见，包括对自己的批评：

1　2　3　4　5

33. 我时常勉励自己，对未来充满希望：

1　2　3　4　5

分数解释：

请按照记分标准，先算出各部分得分，最后将各部分得分相加，得到的分即为最终得分。

第 1～9 题，每回答一个 A 得 6 分，回答一个 B 得 3 分，回答一个 C 得 0 分。

第 10～16 题，每回答一个 A 得 5 分，回答一个 B 得 2 分，回答一个 C 得 0 分。

第 17～25 题，每回答一个 A 得 5 分，回答一个 B 得 2 分，回答一个 C 得 0 分。

第 26～29 题，每回答一个“是”得 0 分，回答一个“否”得 5 分。

第 30～33 题，选项从左至右的分数分别为 1 分、2 分、3 分、4 分、5 分。

结果分析：

90 分以下：EQ 较低，常常不能控制自己，极易被自己的情绪所影响，很多时候，容易被激怒，发脾气，这是非常危险的信号。你的事业可能会毁于你的急躁，对此，最好的解决办法是能够给不好的事物一个好的解释，保持头脑冷静，使自己心情愉悦。

90～129 分：EQ 一般，对于一件事，不同时候你的表现可能不一样，这与你的意识有关，你比前者更具有 EQ 意识，但这种意识不是常常有，因此需要你多加注意、时时提醒自己。

130～149 分：EQ 较高，你是一个快乐的人，不易恐惧和担忧，对于工作，你热情投入、敢于负责，你为人正义、正直，具有同情心，这是你的优点，应该努力保持。

150 分以上：EQ 高手，你的情绪智慧有助于你的事业，是你事业有成的一个重要前提条件。

心灵训练

拓展活动 1：青少年放松情绪 12 法

1. 欣赏最喜爱的音乐。
2. 拥有一两个知心朋友。
3. 多去公园或花园走走。
4. 犯错误后不要过度内疚。
5. 正视现实，不要回避问题。
6. 不必事事、时时进行自我责备。
7. 有委屈不妨向知心人诉说一番。
8. 常提醒自己：该放松了。
9. 常翻看相册，重温往日温馨时光。
10. 经常观看喜剧，学会说笑话。
11. 邀请性格开朗、幽默的朋友多聚聚。
12. 把挫折当作人生中不可避免的组成部分。

拓展活动 2：放松训练

我们知道，负面情绪人人都会有，当我们遇到紧张、焦虑、愤怒的情绪时，可以通过放松训练来使自己情绪缓和，达到放松状态。

1. 深呼吸放松法。闭上双眼，双肩自然下垂，用鼻子吸气，在吸气的同时腹部也要跟着鼓起（腹式呼吸）。当吸到足够多的空气时，憋气几秒钟，用嘴巴缓缓地呼气。

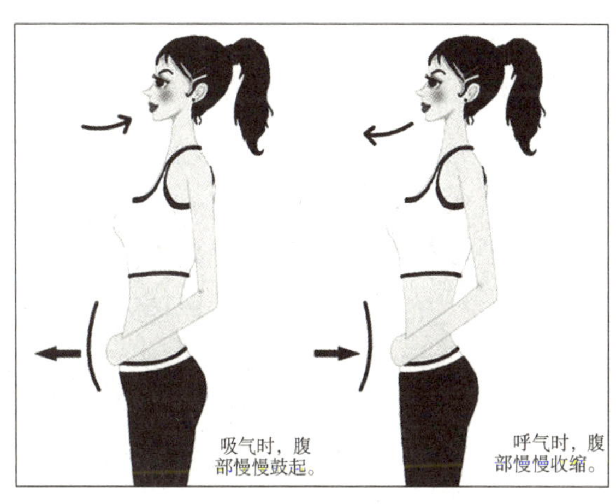

2. 由紧到松的放松法。由紧到松是指从头部到腿部依次放松，在放松的过程中要遵循先紧后松原则。

3. 想象放松法。通过想象，让自己进入一种自认为舒适的环境中，感到惬意和放松。

第五章

学会沟通　共享和谐

第一节　学会交往　融洽关系

心海导航

2019 年 8 月，我来到了某技师学院，开始了住集体宿舍的生活。由于性格活泼，舍友们推选我为宿舍长。刚开学的时候，因为是刚刚认识，舍友们都还挺拘束的，晚上只要有一人上床睡觉，大家也都纷纷上床睡觉。两个月之后，大家渐渐熟悉了，舍友们的本性开始暴露，有几个人总是聊天、玩手机到很晚才睡觉。作为宿舍长，我认为我应该管管她们，因此，在某天晚上，我以宿舍长的身份批评了她们，并要求她们以后晚上十点必须睡觉，她们“哼”了一声，说了句：“不就是个宿舍长，有什么了不起，还管我们。”我听后心里很不是滋味。第二天晚上，她们十点就上床了，但是有一个人一直在床上翻来覆去，制造噪声。另一个舍友来了一通电话就开始大声聊起天来，我觉得她们是故意的。而且从那天开始，大家渐渐疏远了我，她们玩游戏，我想加入，可她们却异口同声地说：“NO!”上课分组讨论时，总剩下我孤零零的一个。我开始变得闷闷不乐，作为宿舍长，我该怎么办？

中职生正值十六七岁的年龄，身心发育尚不成熟，做事情欠考虑，在人际交往中常常存在这样或那样的一些问题。如何让大家走出人际交往的困境，是中职教育要思考的问题。

心灵智慧

一、人际关系的含义

人际关系是指人与人之间的关系，是人与人交往过程中所产生的各种社会关系的总和。

二、我们的关系圈

1. 同伴（同学）关系

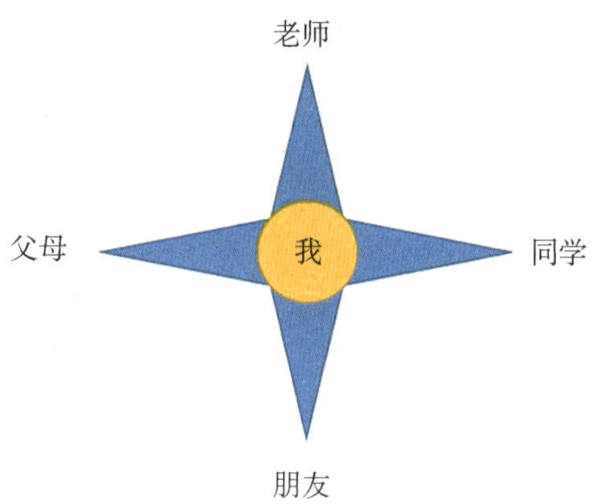

同伴（同学）中职生是倾诉的对象，是成长中最有力的陪伴，是家长、老师不能替代的。在一所封闭式管理的中职学校，一周有 5 天的时间都是和同学待在一起的，同学关系显得尤其重要，因此，我们要靠自己的沟通、理解和宽容来维护同学间的友谊。

2. 师生关系

新西兰教育学者约翰·哈蒂用了 15 年的时间，对影响教学效果的因素进行了规模较大的实证研究，最终归纳出 138 个影响学业成就的重要因素。其中，师生关系在 138 个重要影响因素中位列第 11 位。因此，我们要“亲其师，信其道”，构建互相尊重、互相信任的师生关系。

3. 亲子关系

亲子关系是我们每个人来到世间的第一个人际关系，对一个人性格的形成、品质的培养、意志的磨炼、与人交往模式的建立都起到了决定性的作用，是一个人能否走向成功的最重要因素。处于青春叛逆期的中职生，要学会和父母沟通，构建和谐、亲密无间的亲子关系。

三、人际沟通的方法

成功的人际沟通是维持良好的人际关系的保障，是处世技巧的核心。如何提高人际沟通能力呢?

1. 加强自信心

鼓励自己将沟通的目的和想说的话说明白。沟通的最终目的是要将自己心中的想法和情感传递给对方，只有充满自信地、勇敢地与对方交流，使双方对问题达成一致看法，才易使沟通成功。

2. 避免固执己见

沟通是一个双方互动的过程，如果固执己见，则容易使对方反感，轻则造成不愉快或误解，重则失去沟通机会。在对方不能接受自己的观点时，不妨站在对方的角度想一想，也可以用商量或探讨的口气与对方沟通，这样才能使双方在友好愉快的气氛中达成一致。

3. 学会多种沟通方式

沟通有直接、间接的方式。直接沟通即面对面的交流，具有亲切、重视的意义，容易心领神会，产生共鸣。但也可能出现尴尬或不方便的情况，这时，我们不妨用间接的方式，即通过语音、书面或网络的形式沟通，以避免直接沟通带来的不便。

4. 巧妙使用肢体语言

在直接沟通中，如果遇到语言表达受阻，可以用微笑、点头等肢体语言代替，使对方理解自己的善意而乐于沟通。

5. 在学习中丰富自己

渊博的知识和精辟的见解在沟通中容易使对方信服，从而达到沟通的目的。渊博的知识和精辟的见解来源于不断的学习和实践，因此，中职生应该在学习中丰富和完善自己，善于从沟通中总结和发挥成功的经验，吸取沟通失败的教训。

6. 加强自身修养，保持良好情绪

要使自己成为一个具有丰富且美好的内在气质和快乐的人，让别人不但乐意与你沟通，而且保证沟通取得成功，这就要求我们必须加强自身修养，保持良好情绪，用快乐感染他人。

心理视角

教授的裤子

一位教授准备在一个重要会议上发表演讲，会议的规格之高、规模之大都是他平生第一次遇到的。全家都为教授的这一次露脸而激动，为此，他的妻子专门为他选购了一身西装。演讲前的一天，吃晚饭时，妻子问教授西装是否合身，教授说上衣很好，但裤腿长了两厘米，倒是能穿，影响不大。

晚上，教授早早地睡了。教授的妈妈却睡不着，琢磨着：儿子这么隆重的演讲，西裤长了怎么能行，反正人老了也没太多睡意，就翻身下床，把西装的裤腿剪掉两厘米，缝好烫平，然后安心地入睡了。早上五点半，教授的妻子睡醒了，因为家有大事，所以起来比往常早些，想起教授西裤的事，心想时间还来得及，便拿来西裤剪掉两厘米，缝好烫平，惬意地去做早餐了。一会儿，教授的女儿也起床了，看妈妈做的早餐还没有好，就想起爸爸西裤的事情，寻思自己也能为爸爸做点事情了，便拿来西裤，剪短两厘米，缝好烫平……这条裤子还能不能穿？

【感悟】故事中的主人公们都付出了自己的劳动，却得到一条不能穿的裤子。究其原因在于沟通不到位，首先，教授没有明确目标和分工——裤子要不要剪短、由谁来剪；其次，教授的妈妈、妻子、女儿在行动之前没有征询其他家庭成员的意见。所以说，沟而不通，费时误工。

帮助别人就是帮助自己

卫利叙述了一件他做警员时发生的故事：

“小孩已经窒息，请速按第三套规程处理!”听到这个消息，我马上意识到了事情的紧迫，立刻跑了出去。我决定走那条尚未完工的近路，直接上 101 高速公路。可是，当我穿过那密集的车流驶到高速公路的近旁时，马上就发现根本没有便道可以驶上去。横在我和那条公路之间的是一条几米宽的深沟和一堵陡峭的路堤。

我下了车，望着那条繁忙的公路。“我的上帝，”我暗自叹道，“我该怎么办呢?”

“怎么回事，先生?”

我抬起头，看见一个人高高地坐在一辆巨大的推土机上面。

“小孩已经窒息，很危急，我得赶去抢救，可这儿没路，要是绕道，那肯定就来不及了。”

几年的训练教会我此刻该如何控制自己的情绪，可遇到这样的情况我怎能不心焦呢！

“跟着我，先生！我来替你开条路。”

我发动汽车跟在推土机后面，好奇而焦虑地看着他怎么开路：推土机那巨大的铲斗铲起满满一斗泥土，然后倒进深沟。

快！快！快！时间似乎成了最大的敌人。

接着，推土机在路堤前推出一个斜坡，大堆大堆的土被不断地推向斜坡。一会儿，路开成了！我却觉得等了好几个钟头。然后，推土机开上路堤，上了公路，截断了来往的车辆，留给我一条宽阔的通路。

警笛尖叫着，车轮飞转着，不一会便到了事发地点。我跳下车夺门而入，孩子的妈妈颤抖着把孩子交给了我。我紧张极了：我来迟了？上帝保佑！

我把孩子按住，然后紧张地施行急救措施……终于，一粒纽扣从孩子的喉咙跳了出来。

孩子叫起来，皮肤泛出了红色，两个小拳头在空中乱挥。他得救了。

回到车里，我把经过记入工作记录，用无线电报报告了情况，然后，怀着一种兴奋感缓缓驱车离开了。

第二天，我独自驾车来到24小时前曾经受阻的那个地方。我一眼看见了那辆推土机，便减慢了车速，我要去谢谢那位司机。

可他却先朝我跑过来，结结巴巴地说："那……那孩子……"他停下了，激动得说不出话来。

我有点惊讶，便试着安慰他说："那孩子一切都好，谢谢你！你帮我救了他。伙计，咱俩合作得不错！"

他却哽咽道："我……我知道，可我不知道那是……"他使劲咬着嘴唇轻声说，"那是我儿子。"

【感悟】人性本善，无论世事如何变迁，人际关系如何复杂，却永远无法抹杀每个人内心深处的善良本性。在别人需要帮助时，当别人处于危急情况时，我们要及时伸出援助之手，或许，帮助别人的过程中也是在帮助自己。

小公主的愿望

小公主病了，她告诉国王，如果她能拥有月亮，病就会好。国王立刻召集全国的聪明智士，要他们想办法拿到月亮。

大臣说："它远在三万五千里外，比公主的房间还大，而且是由熔化的铜所做成的。"

魔法师说："它有十五万里远，用绿奶酪做的，而且整整是皇宫的两倍大。"

数学家说："月亮远在三万里外，又圆又平像个钱币，有半个王国大，还被黏在天上，不可能有人拿下它。"

国王又烦又气，只好叫宫廷小丑弹琴给他解闷。小丑问明一切后，得到了一个结论：如果这些有学问的人说得都对，那么月亮的大小一定和每个人想的一样大、一样远。所以，当务之急便是要弄清楚小公主心中的月亮到底有多大、多远，是用什么做的。于是，小丑到小公主房里探望公主，并顺口问小公主："月亮有多大？""大概比我拇指的指甲小一点吧！因为我只要把拇指的指甲对着月亮就可以把它遮住了。”小公主说。

“那么它有多高呢?”“不会比窗外的那棵树高！因为有时候它会卡在树梢。”“用什么做的呢?”“当然是金子!”小公主斩钉截铁地回答。

比拇指指甲还要小，比树还要矮，用金子做的月亮当然容易拿啦！小丑立刻找金匠打了个小月亮，穿上金链子，给小公主当项链，小公主好高兴，第二天病就好了。

【感悟】在人际交往的过程中，人们往往较少关注对方的真实需求，而是完全按照自己的意愿做事情，所以不论多么努力，效果总是不好。因此，只有进行有效的沟通，才能了解彼此的真实想法，增加人与人之间的感情，让交往更加和谐。

趣味测试

下列图片中，你喜欢哪一个？据此可以测试你在人际关系中所处的位置。

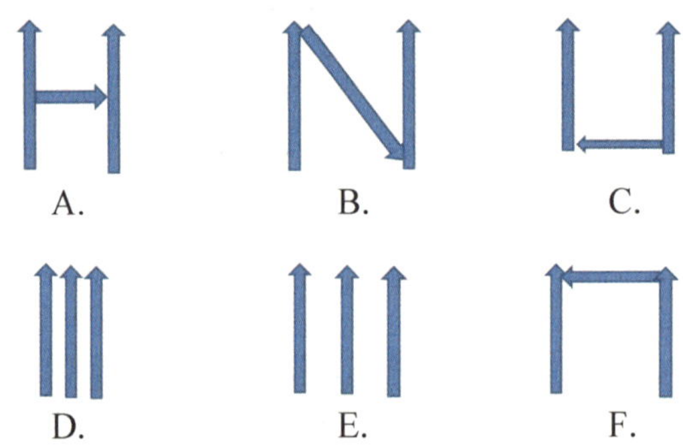

A. 心胸开阔，人缘好，社交能力强

B. 客气有礼貌，比较坦诚，有点拘谨

C. 沉稳、内向、严肃、认真，略显消极

D. 热情好胜，正义感很强，容易得意忘形

E. 不喜欢与人交往，也不喜欢别人干涉，有些孤立

F. 占有欲、支配欲强，主动、积极热情，容易以自我为中心

心灵训练

拓展活动 1：爱在指尖

活动目的：

1. 活跃气氛，帮助组员之间互相了解和认识。

2. 引导组员了解人际交往的真谛，明白有付出才有回报的道理。

3. 使组员了解人们在选择朋友时，会有独特的期待和标准。

4. 学会人际交往的技巧，只有放开自己、包容他人、愿意付出，才能得到朋友。

活动规则与程序：

1. 将所有学生平均分成两组，先让一组学生围成一个圆圈，再让另一组学生分别站在已经围成了圆圈的学生的身后，围成一个外圈。然后，里圈的学生全部转过身来，与外圈的学生相对而站。

2. 所有人听从老师的命令，当老师发出“手势”口令时，组员做出相应动作，即向面对自己而站的另一名组员伸出自己的手指，当老师说“动作”这个词时，大家按照规则做出相应的动作。

手势的含义与相应的动作

手势	代表的含义	动作
一根手指	我目前还没有与你做朋友的打算	各自把脸转向自己的右方，并重重跺一脚
两根手指	我愿意初步认识你，和你做个点头之交的朋友	微笑着向对方点点头
三根手指	我很高兴与你相识，并且对你的印象不错，希望能对你有进一步的了解	热情地握住对方的双手，并开怀一笑
四根手指	我很喜欢你，希望能与你成为好朋友。我愿意真心真意地为你着想，并与你一起分享快乐和分担痛苦	热情地给对方一个温暖的拥抱

注：如果两人伸出的手指数目不一样，那么你们就不需要做任何动作，只是站着不动就可以了。

3. 每做完一次，内圈的组员向右跨一步，和下一个组员相视而站，继续跟随老师的口令做出相应的动作。以此类推，直到外圈的组员和内圈的每位组员都完成一组动作为止。

4. 游戏结束后，请组员分享游戏中的感受和体验。

拓展活动 2：沟通训练

1. 把全班学生分成若干小组，由组长主持，请组内每位组员谈谈，当你的朋友向你倾诉他（她）的烦恼时，你会做何反应？并简要说出这样做的理由。

2. 每组选一个最具代表性的回答，派一名代表上台分享本组讨论结果。

第二节　走过花季　走过雨季

心海导航

小凡是某技师学院二年级的学生，一年前，在一次课上无意中发现左前方的一位女同学正托着头，样子很好看。尽管平时他和这位女同学关系较好，交往也不少，但此时不知怎么回事，他突然觉得这位女同学跟自己很有缘分，似乎是自己的意中人。从那之后，只要一上课，小凡就有意地多看这位女同学几眼。只要看到她，他就会感到浑身上下热血涌动，他开始注意自己的衣着和言谈举止，最后到了不可自控的地步：无论是学习还是班级活动，小凡都想见到她，与她一起玩儿；上课时，只要发现她不在教室，小凡就感到浑身不自在，以为她瞧不起自己。虽然他知道这种想法是荒唐的，但无法控制。这种莫名其妙的想法使他无法集中注意力，记忆力也明显下降，给学习与生活带来许多难言的烦恼。他曾想方设法改变这种状况，但经过多次努力，结果都事与愿违，反而使症状越来越严重，不能自拔。

歌德说："少年男子谁个不善钟情？妙龄少女谁个不善怀春？"中学阶段是异性交往的敏感时期。性生理与性心理的不断成熟将风华正茂的少男少女推向了两性交往的崭新领域。正常的异性交往有利于学习进步和个性发展，但如果男女同学的交往处理不当，则会妨碍学习进步和身心健康，同时会带来一些情绪、行为上的困扰，甚至酿成悲剧。所以，掌握青春期男女生正常交往的原则是我们每位同学的必修课。青春期交往有哪些好处呢？我们在与异性交往中应该注意哪些问题呢？

心灵智慧

青春期是异性交往的敏感期，也是异性交往的频繁期。恰当的异性交往可以促进青春期的少男少女形成性别角色，取得与异性交往的经验和技巧，为将来成人后的恋爱和婚姻生活做好心理准备。青春期男女同学的正常交往既是生理和心理的正常需要，而且正常的男女同学交往有很多好处。

一、正常异性交往的好处

1. 与异性交往可以使你的性格更加完善

男孩子往往心胸宽广、开朗、刚毅、果断、机智；女孩子则大多感情细腻、举止文雅、善良。通过异性交往，可以在相处中互相学习，取长补短，从而丰富完善自己的性格。

2. 异性交往可以改变你的学习方式和思维方法，提高学习效率

一般来说，男生在思维方式和方法上多抽象化，概括能力强，而女生大多善于形象化思维，具有丰富的想象能力和观察能力。如果男女生能够一起学习，就可以互相启发，使思路变得更加开阔，思维更加活跃，学习效果更加明显。

3. 有利于活动中互相激励

“异性效应”是一种普遍存在的心理现象，这种效应在青少年中更明显。异性效应的表现是：有两性共同参加的活动，较之只有同性参加的活动，参加者一般会感到心情更愉悦，积极性也更大。

男女生的交往不仅是正常的，而且是必要的。拘谨、畏缩，妨碍青少年男女之间的交往；但是过分热情、随便，又显得轻浮、不庄重，同样是不可取的。那么，怎样才是正确的异性交往方式呢？

二、青春期异性交往原则

青春少年，情窦初开，男女生应该怎样交往才算恰到好处？也许你可以对照以下几条原则，想想自己该如何做。

1. 不必过分拘谨

在心理上，像对待同性那样去对待与异性的交往，该说的说，该做的做，需要握手就握手，需要并肩就并肩。友谊本来就是感情的自然发展，没必要矫揉造作和忸怩作态。

2. 不应过分随便

男女生间交往过分拘谨固然令人生厌，但也不可过分随便，男女毕竟有别，有些话题只能在同性之间交流，有些玩笑不宜在异性面前乱开。

3. 不宜过分冷淡

男女生交往时，理智从事、善于把握自己的感情固然是必要的，但不应过分冷淡。

因为这样会伤害对方的自尊心，也会使人觉得你高傲无礼、孤芳自赏、不可接近。

4. 不该过分亲昵

男女生交往时要注意自尊自爱，言谈举止要文雅庄重。过分亲昵不仅使你显得轻佻，引起对方反感，而且会造成不必要的误会。

5. 不可卖弄

在与异性交往中，因想卖弄自己见多识广而讲个不停，或在争辩中得理不饶人，都会使人反感。

6. 男生在与女生交往时应做到“四要”

一要理解女生的生理和心理特点；二要主动关心和帮助女生；三要有责任感；四要有道德规范和自制能力。

7. 女生在与男生交往时应做到“四要”

一要举止端庄、大方、得体；二要避免过分地身体接触与开玩笑；三要理智地谢绝异性的过分要求；四要敢于反击异性的挑逗与侵害。

心理视角

乒乓1号到乒乓16号

小云是某技师学院的毕业生，当她还是学生时，在男女生交往方面做得非常好。她很喜欢打乒乓球，在校园里结识了很多的球友，有男有女，经常有男生在楼下等小云一起去打球。同宿舍的姐妹们有时和她开玩笑，把约她去打球的男生编上了号，叫乒乓1号，乒乓2号……一直编到了16号，可她有那么多的异性朋友，却没有交过一个男朋友，同学们在聊天时也问过小云原因，她笑着说：“校园里有几对男女朋友可以走到最后呢？大家都前途未卜，我可不想这么快就把自己托付出去。他们都是我的球友，假如我找了男朋友，就可能会失去很多友情了，这多得不偿失啊！”在回答同学们提出的“怎么能把关系处理得这么好”的问题时，她说：“秘诀就是保持距离，我和他们在一起只讨论打球的事和一些学校的事情，从来不谈男女私事，时间长了，他们就把我当哥们儿和好朋友了。”若干年后，小云结婚了，她毕业后通过自身的努力奋斗有了不错的职业和收入，她的老公相貌英俊，事业有成。结婚请客时，乒乓1号到乒乓16号竟然大多数都来祝贺了。大家都夸赞小云是真正聪明的人，她不仅选择了一个好老公，还得到了一群支持她、爱护她的异性朋友。

【感悟】要注意和异性保持距离，当时机未到时，一定要珍惜友谊，慎谈爱情。

小珍的烦恼

小珍今年只有20岁，但已经有了一个相处了6年的男朋友。上初中的时候，她和那个男孩坐同桌，她性格比较内向，没什么异性朋友，这个男孩是她认识的第一个异性朋友。她觉得男孩很活泼，和自己不一样，比较好奇，渐渐对男孩产生了一些好感，正好男孩也对她有好感，于是开始追求她，她开始不答应，后来觉得是自己的初恋，很珍贵，也就妥协了。家里人知道了他们谈朋友的事情后就给他们定了亲。男孩上完初中就辍学了，她继续学习深造，由于她家境比较困难，上学的学费都是男方家给出的。毕业后，小珍工作了，接触了新环境，认识了新朋友，她才发现自己其实还可以有更多的选择，现在的男朋友和自己各方面都很不合适。但相处这么多年，亲也订了，小珍想退婚，又担心会被人看不起，可想到要和不合适的人过一辈子，她就特别难受、悔恨，后悔当初的草率和鲁莽毁了自己的一生。

【感悟】年轻时，我们的识别能力还很差，一定要擦亮眼睛，多参加集体活动，广泛接触朋友。

趣味测试

你能对爱情负责吗？

阅读表格内的每句话，请按照你的真实想法作答，1表示“不同意”，2表示“说不清”，3表示“同意”，请在每个项目后相应的数字上画“√”。

题目	选项		
1. 我们还没有爱的能力和条件。	1	2	3
2. 好女孩是懂得爱护自己的。	1	2	3
3. 好男孩会尊重和爱护女生。	1	2	3
4. 用性来证明爱是不可取的。	1	2	3

续表

题目	选项		
5. “不求天长地久，只要曾经拥有”，这种爱是不完整的。	1	2	3
6. 爱是责任、奉献、信任和尊重。	1	2	3
7. 草率、过早发生性行为会为以后的生活带来不可估量的消极影响。	1	2	3
8. 少女怀孕可能会造成永久的伤害。	1	2	3

说明：将每个题目后所选数字相加即为总分。

1. 8～13 分：你对爱情的责任感不足，可能把恋爱当成游戏，需要对恋爱有更多思考。

2. 14～19 分：你有一定的爱情责任感，但是对很多问题的认识还是模棱两可，缺乏原则性，还要不断学习和成长。

3. 20～24 分：你对爱情、对自己都很有责任感，你知道爱情是伟大而美好的，只有具备一颗成熟的心灵才能品尝到美好爱情的甜蜜。你愿意为爱而努力，为美好的明天而不断拼搏。

友情提示

爱情不是生活中的调剂品，而是对终身伴侣的一个追寻过程。如果你想了解爱情的更多意义，请到学校心理辅导室与老师探讨。

心灵训练

拓展活动 1：指鹿为马

活动目的：

1. 消除与异性交往的恐惧心理，体会与人交往的乐趣。

2. 增进同学间的感情，促进班集体的凝聚力。

活动规则与程序：

1. 按男女生两人一组分成若干组。

2. 两人面对面，随机由一人先开始，指着自己的五官任何一处，问对方：“这是什么？”

3. 对方必须在很短的时间内回答提问方的问题，例如，如果对方指着自己的鼻子问这是什么，同伴就必须说：这是鼻子。同时同伴的手必须指着自己鼻子以外的其他五官。

4. 如果过程中有任意一方出错，就要受罚；3 个问题之后，双方互换顺序。

5. 活动结束后交流感受。

拓展活动 2：祝福花篮

活动目的：

1. 通过活动体验“男女搭配，干活不累”的心理效应。

2. 在活动中学会合作，培养与异性交往的能力。

活动规则与程序：

1. 6 人为一组，要求 3 男 3 女。各组分发报纸 1 张、彩色纸 18 张、彩色笔、白纸、胶带、缝衣针 6 枚和缝衣线 1 卷。

2. 各组在 10 分钟内完成下列任务：

（1）用报纸折一只花篮；

（2）用彩色纸折 6 只千纸鹤；

（3）用彩色纸折 6 颗幸运星；

（4）取缝衣线穿好 6 枚针；

（5）用彩色纸折 6 朵小花；

（6）写一句祝福的话；

（7）把花篮挂到尽可能高的地方。

3. 完成任务后交流活动感受。

第六章

守护青春　快乐成长

第一节　认识性侵害

心海导航

2019年，李颖（化名）18岁，刚刚考上大学。因为家庭贫困，从大一起就骑着自行车到处做家教。

有天傍晚，李颖骑着自行车做家教回来，在离学校还有一千米的小巷里，碰见一个大概三四十岁的大姐，她表情痛苦地拦住了李颖说："同学，我头痛得厉害，你能不能帮我喊下家人，我家就在前面那个小巷里。"

李颖自幼就特别乐于助人，她想都没有想就答应了："好，你家在哪里？"

那位大姐说往前走，走到小巷尽头，然后向右拐，进入另一条小巷，右手边第三家就是她家，门口有棵石榴树。

李颖飞快地蹬着车子去喊人。果然，在另一条小巷看见了门口有棵石榴树的一户人家。但站在门口，看着虚掩的大门，她忽然犹豫了："这里距离刚才大姐喊我的地方不过300米，如果这里就是她家，她应该和周围的邻居都很熟，她如果真的生了病，随便叫开一家人的门，应该就会有邻居帮她。但她为什么不去求助邻居，反而求助沿途经过的我呢？"狐疑之下，李颖扭头回去找那个大姐，她却已经不见了踪影。

那位大姐晕倒被邻居发现了？她头不疼自己走开了？她会不会是骗李颖的？

庆幸的是，李颖没有推开那扇虚掩的门，没有走进那座宅院。曾经发生过这样一件事：有个女孩在热心地把一名孕妇送回家后，被孕妇的丈夫强奸杀害。中职生思想单纯，防范意识较差，如何让学生对性侵害有一个明确的认识是中职生青春期教育的首要任务。

心灵智慧

一、什么是性侵害

性侵害又称性侵犯，泛指一切与性相关且违反他人意愿，对他人做与性有关的行为。也就是说，只要当事人不愿意，违犯了本人意愿的性接触、性骚扰、性暴力等就是性侵害。

我们通常都知道的身体接触的性侵害，是给人带来不舒服的触碰，比如亲吻、爱抚身体、抚摸生殖器、强奸等，强奸已经是很高程度的性侵害了，是一种性暴力行为，即一方通过暴力、胁迫或者使另一方不能反抗、不敢抗拒的手段，在另一方不愿意的情况下强行发生性行为。在现在社会中，强奸已经不仅仅针对女性而言了，男性也有可能成为受害者。

二、性侵害的种类

1. 暴力型性侵犯

暴力型性侵犯是指犯罪分子使用暴力和野蛮的手段，如携带凶器威胁、劫持受害者，或以暴力威胁加之言语恐吓，从而对受害者实施强奸、猥亵等。暴力型性侵犯的特点如下：

（1）手段残暴。当性犯罪者进行性侵犯时，必然遭到受害者的抵抗，所以很多性犯罪者往往要施行暴力且手段野蛮、凶残，以此来达到自己的犯罪目的。

（2）行为无耻。为达到侵害受害者的目的，性犯罪者往往会不择手段，肆意摧残、凌辱受害者。

（3）群体性。性犯罪者常采用群体性纠缠方式对受害者进行性侵犯。这是因为人多势众，容易制服受害者而达到目的；此外，人多还会使原来单个不敢作案的罪犯变得胆大妄为，这种形式危害极大。

（4）容易诱发其他犯罪。性犯罪的同时常会诱发其他犯罪，如劫财、杀人灭口、聚众斗殴等。

2. 胁迫型性侵犯

胁迫型性侵犯是指性犯罪者利用自己的权势、地位、职务之便，对有求于自己的受害人加以利诱或威胁，从而强迫受害人与自己发生非暴力型的性行为。他们利用职务之便或乘人之危而迫使受害人就范或设置圈套引诱受害人上钩，利用过错或隐私要挟受害人等。

3. 社交型性侵犯

在自己的生活圈子里发生性侵犯，性侵犯者与受害人大多是熟人、同学、同乡，甚至是男朋友。社交型性侵犯又被称为熟人强奸、沉默强奸等。受害人身心受到伤害以后，往往出于各种考虑而不敢加以揭发。

4. 滋扰型性侵犯

滋扰型性侵犯的主要形式有：利用靠近女性的机会有意识地接触女性的胸部，摸、捏其身体等，在公共汽车、商店等公共场所有意识地挤碰女性等；暴露生殖器等变态式性滋扰；向女性寻衅滋事，无理纠缠，用污言秽语进行挑逗或者做出下流举动调戏、侮辱女性，甚至可能发展成为轮奸。

三、容易发生性侵害的时间和场所

1. 夏天

夏天天气炎热，女性夜生活时间延长，外出机会增多，并且绿树成荫，性犯罪者作案后容易藏身或逃脱。同时，由于夏季气温比较高，女性衣着单薄，裸露部分较多，因而对异性的刺激增多。

2. 夜晚

夜晚光线暗，性犯罪者作案时不容易被发现。所以，夜间女性应尽量减少外出。

3. 公共场所和僻静之处

公共场所比如教室、礼堂、舞池、溜冰场、游泳池、车站、码头、影院等，人多拥挤时，不法分子乘机侵犯女性；僻静之处如公园假山、树林深处、夹道小巷、楼顶晒台、没有路灯的街道楼边、尚未交付使用的新建筑物内、下班后的电梯内等。

心理视角

披着“羊皮”的表叔

李虹（化名）家在农村，前后院的乡亲们关系很好，李虹的妈妈和后院的表婶关系特别好，两家人经常串门，她也常常去表婶家玩。表叔是个沉默木讷的人，总是坐在炕上抽烟、看电视，基本不出屋子，也不和村里人唠嗑。

而这个内敛的表叔就是给她留下一辈子阴影的人。在她读一年级的时候，表叔对她越来越好，经常拿一些吃的给她，让她常来玩。渐渐的，表叔越来越靠近她，会摸她的手，碰她的脸。当时李虹年纪小，习惯了长辈的亲密行为，所以她并没有察觉出有什么不对。

可是后来，表叔越来越放肆，手会伸进她的衣服里，还常常用嘴亲她。男人常年在地里干活，烟瘾严重，半年也不见得洗一次澡。她心理排斥表叔嘴里的臭味，也不喜欢他沟壑纵横的手，所以一直拒绝他的侵犯。

表叔似乎处于癫狂状态，扒下她的裤子，用手摸她的下体，她哭喊着不要，喊疼，表叔就威胁她，发出声音就打她，如果乖乖听话就给她零花钱。那时候李虹年纪小，胆子也小，虽然知道表叔的行为不对，但还是不敢反抗。所以她只能憋着不哭不叫，任表叔为所欲为。

很长一段时间，表叔都威胁她来他家，不来就要打她，这段关系一直持续到她上初中搬到镇上。后来学习了相关知识，李虹才知道自己遭遇了什么，她觉得自己和周围的同龄人都不一样，自己的身体是脏的，她不敢穿短袖，不敢和人交流，甚至害怕所有男性。

【感悟】从国内外的儿童性侵犯案件调查情况来看，85%的性侵犯者是熟人。这些熟人中有孩子的亲戚、邻居、父母的朋友甚至是老师和校长，他们给受害人带来了很严重的心理创伤。

警惕地铁里的“咸猪手”

前两天在微博看到一段视频，在北京长寿路地铁站，有个姑娘说戴眼镜的男人摸她大腿，男人不承认，就又重复了一下动作，结果被姑娘几个大嘴巴打晕了。看着这个视频，我想起了自己大四那年去北京旅游时发生的一幕。

早上八点的北京地铁，正是乘车高峰期，地铁到站后，排队候车的人还没有来得及挪步，就被人潮推上了地铁。在地铁上，人很多很挤，像极了老家赶集的场景。我隐隐约约感觉有人在碰自己的屁股，扭头一看，有个男人靠着扶杆眯着眼睛，我没有多想，只是感觉到了不舒服，就稍微扭了一下身子。没一会儿，又感觉有人在碰自己，我扭过头去，依然是那个眯着眼睛的男人。此时，我明白发生了什么，狠狠地瞪了他一眼，他知道自己不能再在这里待下去，急忙在下一个车站下车了。

【感悟】现在，地铁和公交上的“色狼”防不胜防，不少女性都在地铁里遭遇过“咸猪手”。在公共场所和僻静之处，女性要非常小心！

趣味测试

下列说法正确吗？如果正确，在题后的括号里打“√”，错误的则打“×”。

1. 性侵害包括有性行为、碰触或抚摸身体私处、性骚扰或性器官的暴露。（　　）
2. 性侵害事件只会发生在女孩子身上，不会发生在男孩子身上。（　　）
3. 性侵害的加害者可能是长辈、朋友、亲戚等亲人或熟识者。（　　）
4. 性侵害的加害者都是贫穷的、没有受过教育的人。（　　）
5. 发生性侵害，一定会发生性交行为。（　　）
6. 遭受性侵害的未成年人会因为害怕受到指责或加害者的威胁，而不敢说出遭受性侵害的事实。（　　）
7. 未成年人会因为对性不够了解，可能将性侵害视为正常现象。（　　）
8. 遭受性侵害的创伤可以随着时间流逝而被淡忘。（　　）
9. 公诉机关为了保护遭受性侵害的未成年人，可以不经由当事者同意，独立提起诉讼。（　　）

心灵训练

2013 年 10 月 24 日下午，最高人民法院、最高人民检察院、公安部、司法部联合发布了《关于依法惩治性侵害未成年人犯罪的意见》(以下简称《意见》)。

《意见》充分体现对未成年人进行特殊、优先保护的司法理念，就办理性侵害未成年人犯罪案件的一些突出法律适用和政策把握问题做了明确，对于进一步统一司法机关办理此类案件的思想认识，提高惩治性侵害犯罪和保护未成年人权益的司法水平，具有重要指导意义。

1. 关于奸淫幼女等性侵害犯罪中主观明知的认定

奸淫幼女、引诱幼女卖淫等性侵害犯罪，是否以行为人明知被害人系幼女为构成犯罪的必要要件，各国规定存在差异。我国刑法实践及理论通说均坚持罪过责任原则，认为奸淫幼女等性侵害犯罪，“明知”被害人年龄是默示的犯罪构成必要要件。在司法实践中，相关规范性文件亦坚持此种立场。

以强奸罪为例，根据我国刑法规定和司法实践，奸淫不满十四周岁的幼女构成强奸罪，不要求采取强制手段实施，而对于使用暴力、胁迫或者其他强制手段与不满十四周岁的幼女发生性关系的，无论是否“明知”被害人为幼女，都要以强奸罪论处。

《意见》第十九条第一款首先明确，知道或者应当知道对方是不满十四周岁的幼女，而实施奸淫等性侵害行为的，应当认定行为人“明知”对方是幼女。这是认定奸淫幼女等性侵害犯罪主观明知问题的总原则。继之，第十九条第二款、第三款以幼女年龄是否达到十二周岁为标准，对如何认定“明知”分别予以指导和规范。

其中，第二款规定，对于不满十二周岁的被害人实施奸淫等性侵害行为的，应当认定行为人“明知”对方是幼女。也就是说，即使被害人身体发育、言谈举止等呈早熟特征，行为人亦辩称其误认被害人已满十四周岁，也不应采信其辩解。

考虑到已满十二周岁不满十四周岁的幼女，其身心发育特点与已满十四周岁的未成年少女较为接近，《意见》第十九条第三款规定，从被害人身体发育状况、言谈举止、衣着特征、生活作息规律等观察可能是幼女，而实施奸淫等性侵害行为的，也应当认定行为人“明知”对方是幼女。

2. 关于未成年人实施性侵害未成年人案件的政策把握

未成年人因身心发育尚未成熟，需要给予特殊保护。就《刑法》第二百三十六条关于性犯罪的规定来看，对儿童的特殊、优先保护体现在，构成强奸罪，一般要求以暴力、胁迫或者其他强制手段对妇女进行奸淫，而奸淫不满十四周岁的幼女的，不论是否采取强制手段实施，即不论幼女是否自愿，均以强奸论，并从重处罚。由此可见，在我国，十四周岁是法律认可的幼女可以做出同意发生性行为决定的法定年龄界限，行为人与不满十四周岁的幼女发生性关系，即使幼女同意，也认定其同意无效，对行为人的行为仍视为强奸。由此带来的一个问题是，作为被害人的幼女与可能成为刑事被告人的未成年人，身心发育、认知能力均未成熟，均属于法律应予特殊保护的对象，那么，对于已满十四周岁的未成年人与幼女自愿发生性关系，是否均应按照《刑法》第二百三十六条的规定以强奸论，的确需要慎重对待。

《意见》第二十七条规定，已满十四周岁不满十六周岁的人偶尔与幼女发生性关系，情节轻微、未造成严重后果的，不认为是犯罪。该条系对2006年最高人民法院《关于审理未成年人刑事案件具体应用法律若干问题的解释》相关规定的重申，主要是针对已满十四周岁不满十六周岁的男少年，与年龄相近的幼女在正常交往、恋爱过程中自愿发生性关系，如何予以处理提出的指导意见。此处表述虽是“偶尔”发生性关系，但主要是为了与此前司法解释的规定保持一致，实践中并不能简单以次数论，双方是否自愿、情节是否轻微、后果是否严重，是区分罪与非罪的关键，应准确把握。需要指出的是，对“情节轻微及后果严重性”的判断，应综合考虑行为人与幼女是否存在恋爱关系，以及对于幼女的身心影响等因素综合判断；对于行为人采取利诱、欺骗甚至强制手段与幼女发生性关系的，或者导致幼女怀孕流产、严重伤害幼女身心健康等后果的，一般不宜认定为“情节轻微、未造成严重后果”。

3. 关于性侵害未成年被害人的精神康复治疗问题

《意见》明确了被告人应当承担的民事赔偿责任范围。《意见》第三十一条规定，对于未成年人因被性侵害而造成的人身损害，为进行康复治疗所支付的医疗费、护理费、交通费、误工费等合理费用，未成年被害人及其法定代理人、近亲属提出赔偿请求的，人民法院依法予以支持。其中，康复治疗费用包括进行身体医治和精神诊治所支出的费用。性侵害未成年人犯罪，对被害人最大的伤害往往是精神上和心理上的，被害人到医院进行精神康复治疗所支付的医疗费，不同于精神抚慰金，该部分医疗费用，被害人提出赔偿请求并提供就诊病历、收费票据等相应证据的，人民法院依法予以支持。在当前对普通刑事案件的被害人进行精神损害赔偿尚存在客观条件及制度障碍的情况下，《意见》规定性侵害未成年被害人进行精神康复治疗支出的费用可以得到支持，这无疑是一大突破，有利于强化对未成年被害人的保护力度。

第二节　如何预防和应对性侵害

心海导航

小敏是某高中的一名学生，平时喜欢上网聊天。一次，她加了一个男性QQ好友，两人相谈甚欢，不久就在网上确定了所谓的男女朋友关系。没过多久，男方提出见面，并约定了见面的地点，小敏起初有点犹豫，拒绝过几次，但经不住“男朋友”的再三相约，觉得他想见自己是因为他很喜欢自己，于是答应见面。

见面后，两人一起去看电影、吃饭，随后小敏被“男朋友”带到一处公寓里，原本有些不好意思的小敏实在想不到，不久之后公寓里又出现了两个男人，他们三人先是对小敏进行了殴打，随即强行脱掉小敏的衣服进行了性侵，还拍下小敏的裸照并警告她不能把所发生的事告诉别人，否则就将她的裸照上传到网上。

之后的很长一段时间，小敏都任由他们摆布，她想过报警，但害怕他们真的把照片上传到网上，所以只能忍气吞声。直到有一天她发现自己怀孕了，痛哭不已，实在是害怕才将事情的来龙去脉告诉了父母，父母报案，将那三个人绳之以法。

然而，小敏因为流产终身失去了做母亲的资格，从医院回来后她也不再上学，整日呆坐在家，沉默寡言，对什么事都漠不关心，像变了一个人一样。花季少女就这样失去了生命力。

中华人民共和国教育部发布的《中小学公共安全教育指导纲要》中首次将“性侵害”和自然灾害、校园暴力等一起列入中小学公共安全教育范畴，我国制定的《未成年人保护法》中也明确“禁止对未成年人实施性侵害”。然而，目前中国未成年人性侵害案件时有发生。这主要是由于未成年人年龄小、缺乏辨别力、自我保护意识差、身体力量与成年人相差悬殊等，很容易成为性侵害案件的受害者。面对性骚扰和性侵害，我们应积极防范。

心灵智慧

一、性侵害的危害

1. 受害者自身遭受身体和心理的双重伤害

受害者的身体伤害比较明显，如淤青、骨折、出血、隐私部位受损、大小便失禁、怀孕或终身不孕。心理伤害更隐蔽、持续时间更长、危害更大，如会使受害者产生创伤后应激障碍，内心充满恐惧和焦虑，睡眠困难、集中注意力困难；也许会有背叛创伤，不再相信世界是安全的；自我感损毁与认知扭曲，会产生低自尊、低自信，影响人际交往。

2. 受害者家庭遭受沉重的打击

受害者的家长会产生自责感、无力感，内心痛苦，不知该怎样面对孩子；也许会产生耻辱感，认为没有面子，从而责备受害者，让受害者痛苦加倍。

二、提高警惕，防患于未然

性侵害是十分隐蔽和危险的，对于未成年的中职生来说，提高防范意识，学会识别身边的好人和坏人，做好自身安全防范，尤为重要。

1. 不要走僻静的道路

犯罪分子一般选择偏僻的小路或街道、废弃的厂房、公园里行人较少的小树林、影剧院的角落、网吧附近的阴暗处等地方作案，通过这些地方时我们要做好防身准备，以免遭受犯罪分子性侵害甚至人身伤害。

2. 夜间单独外出要格外小心

晚上 6 点到早上 6 点是性侵害高发时段。特别是夏季的夜晚，更是性侵害发案的高峰期。在此期间，女性外出时不要穿着过分暴露，以免诱发性犯罪，外出不宜携带过多的钱物。劫财、劫色常常是相连的，许多罪犯实施违法犯罪活动时，往往从劫财开始到劫色结束。

3. 不要长时间与异性独处一室

密闭的空间和熟悉的人容易使女性放松警惕，从而遭受对方的性侵害。与陌生男人相识，不要轻率地跟随其去玩耍或者去酒店，也不要喝对方提供的饮料，以防其在饮料里放催眠药，使自己丧失反抗能力。

4. 女生独行时，要提高警惕，注意观察

如果发现有人尾随，就尽快改变行走路线，想办法甩掉对方，如到派出所、治安亭、交通岗，以此阻断对方的跟踪，也可以采用逆向行车、突然过街道乘公交车辆的方法甩掉对方。

三、面临性侵害，冷静应对

当遇到性侵害时，一方面要沉着冷静，进行自我保护；另一方面要采取措施，为严惩犯罪分子提供法律依据。当然，无论什么时候，首要的是保证生命的安全，进行机智的斗争以最大限度地保护自己。

1. 让歹徒放松警惕

这里要分两种情况：一是人多的时候，如身边有男性朋友时、附近有人群时、身边有军人或警察时，我们可以呼救；二是人少的时候，如夜黑风高人稀少时、独自一人时，不要大声喊叫，尽量保持冷静，与对方周旋，斗智斗勇。

2. 拖延时间，伺机求救

当我们处于危险时，尽量跟对方聊天，获取对方信息，可恨之人必有可怜之处，犯罪分子往往因为生活不容易才会走上犯罪道路，而且对方也有父母、姐妹，可以在聊天中博取同情，悄悄编辑短信报警，将对方细节等信息编辑短信发送到 110。如果只是告诉亲朋好友，恐怕远水救不了近火。

3. 找机会逃走

女性处于危险时，要保持警惕，最好找机会逃跑。例如，有一个顺风车司机试图对一名女乘客下手，而那位女乘客比较机敏，当车行驶到偏僻的路上时，她以跳车威胁司机，然后在司机准备锁门之前夺门而逃，一直跑了几百米，还拍下了车牌。

4. 让强暴者“性致”全失

伪称自己有性病、强迫自己呕吐或者尿在裤子上，虽然这些行为不太文雅，但通过这样的方式，也许能让性侵者自己打退堂鼓，从而让我们有借机逃跑的机会。

四、遭遇性侵害，勇敢面对

假如你不幸遭遇了性侵害，不要自暴自弃，要积极勇敢地面对生活，采取一切措施将自己的伤害降到最低，想方设法将犯罪分子绳之以法。

1. 相信自己并没有错

一旦遭遇了性侵害，很多人都会感到难为情、伤心、羞辱、怨恨、害怕或者狂怒，但是要记住，不幸遭遇了性侵害不是你的错，要勇于面对并调节好自己的情绪，处理好之后的事情。

2. 找个信任的人陪伴并寻求帮助

许多女性在遭遇了性侵害之后首先会想到回家洗澡，想要忘记所发生的一切，也有更多被强暴的女性没有把受害的经历告诉过任何人，时间长达几年之久，这种想法都是不可取的。我们应该找一个信任的朋友或父母，将此事讲出来，并拨打 110 寻求帮助。

3. 保留证据

如果遭遇了性侵害，应立刻找合格医师检查，以进行必要的证明、治疗及采取避孕措施。切勿立即淋浴冲洗、更换衣物或毁坏衣物，如此将会破坏证物，增加犯罪分子被定罪的困难度。另外，要保护现场并牢记犯罪分子的特征。为了协助警方搜集线索及探证，不要移动或触摸现场任何器物。

4. 尽快向警方或相关单位报案

很多受害者往往会担心被二度伤害而犹豫不决，甚至不去报案。然而，报案不但可以减少其他女性受害的机会，也是保障自己免于被犯罪分子再次伤害的方法。

心理视角

一句话惹来杀身之祸

一日，一位女孩夜晚出门乘出租车，司机见女孩相貌姣好且独自一人，于是性侵了她。但是原本打算离开的司机听到了女孩的一句话后，直接将女孩杀害。是怎样的一句话惹来女孩的杀身之祸呢？女孩说道："我记住你的样子了，我一定要报案。"这个司机侵犯过很多女孩，但之前从没杀过人，就因为这句话杀了这个女孩。

【感悟】当我们遇到危险的时候，要急中生智，不能太冲动，尤其是遇到坏人，要想方设法逃生、保命，千万不要威胁加害人，一旦他们感到害怕，就会有意想不到的举动，而他们的意外举动，对于我们来说是承受不起的。所以，我们要时刻保持冷静，直到脱离险境。

独自回家的有惊无险

那时小梅还小，冬天的晚上放学后回家，她独自走在黑漆漆的胡同里，突然听见有异响，发现身后跟着一个男人，小梅特意回头看了一眼，那个男人心虚还假装要拐弯，可小梅回过头没走几步，那个男人便冲过来捂住她的嘴并抱住她，这时已经快到小梅家门口了。小梅由于害怕，下意识地下蹲，那个男人一把没搂住，小梅坐在地上喊救命，男人怕被抓住就跑了。小梅的邻居听到她的喊声后都出来了，不过那个男人已经跑远了。

【感悟】在我们熟悉的地方也会发生意想不到的事情，尤其对于女生来说，上下学的路上要格外注意，最好结伴而行。如果单独回家，就要多留心周围的人和事，尽量挑选人多的路走，万一发生意外，要找机会求救或者自救。

出租屋外的意外

高中时，小菊家离学校比较远，她又觉得学校宿舍太吵，就一个人在学校附近租了一个房间，周围都是各种租客。一个周五的晚上，小菊下晚自习后打算先回出租屋收拾东西，然后回家，结果刚出门没多久，就远远地看见一个黑影站在那里不动，当时她有一些害怕，但又着急回家，于是鼓起勇气继续往前走。快走到那个人旁边时，那个人突然开始脱裤子，小菊瞬间被吓住，反应过来后尖叫着返回出租屋，锁上门给父母打电话。父母赶来把小菊接走了，房子在当月也退租了。

【感悟】 青春期的我们喜欢自由、无拘无束的感觉，但是我们也应该视情况而定。当我们独自在外租房居住时，一方面我们要承担一定的风险，如上面故事中出现的意外；另一方面，家长也会担心。所以，为了确保安全，我们要在学校住宿，适应集体生活。另外，当遇到危险时，我们要学会自保，尽快逃离危险环境。

趣味测试

下列说法正确吗？如果正确，在题后的括号里打“√”，错误的则打“×”。

1. 我们要对性侵犯的行为勇敢说“不”。（　　）
2. 我们可以接受陌生人或他人的饮料和食品。（　　）
3. 我们可以独自到偏僻的地方，如无人管理的公厕等。（　　）
4. 夜晚单独外出，害怕麻烦父母，坚持自己回家。（　　）
5. 对于不当或不舒服的身体接触，如果不严重，因为怕别人外传、害羞，可以勉强忍受。（　　）
6. 衣着打扮要得体，穿着不能太暴露，不要随意显露自己身体的隐私部分。（　　）
7. 上学、放学或者外出时只需要随时与家长保持联系，可以一个人行走。（　　）
8. 不单独和异性待在一个封闭的空间里，即使是在异性老师的办公室，也要开着门。不要随便到歌厅等娱乐场所，不单独和异性约会，尽量不在同学家留宿。（　　）
9. 可以在网络上和陌生人聊天和视频。因为在网络上聊天和视频仅是娱乐，不用太谨慎。（　　）
10. 遭受性侵害后，要尽量记住歹徒的特征，保护好证据，在家人的陪同下到公安机关报案，之后到医院接受检查和治疗。（　　）

心灵训练

女子防身术

1. 被抱时怎么应对？

（1）正面被抱时肘击太阳穴最为便捷。正面被对方抱腰，但手臂未同时被抱住，是以肘部攻击对方太阳穴的最好时机。一旦对方双手抱住你的腰，他的头部就全部暴露而失去防护了。这时，你可以佯装拒绝他的亲吻等，使上身后仰，形成攻击距离。接着猛然收腹、旋身、挥臂，以肘部猛击对方的太阳穴。以肘部攻击对方太阳穴最好采用连续攻击法，一气呵成。

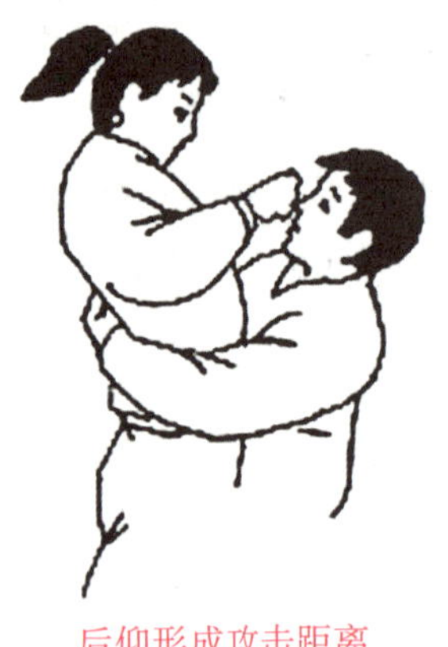

后仰形成攻击距离

先用右肘击

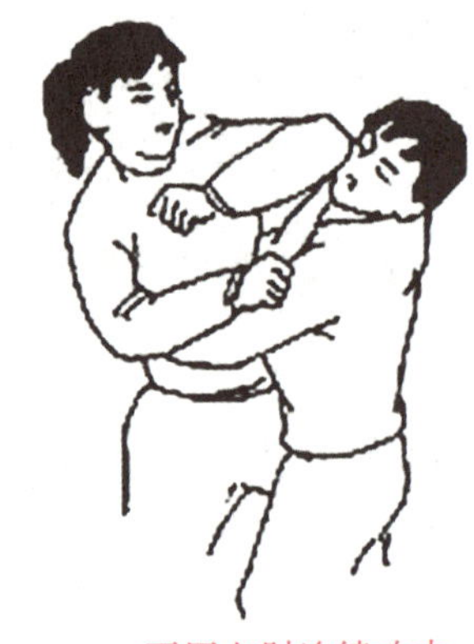
再用左肘连续攻击

（2）正面被抱腰时攻击对方眼睛，折其手指。正面被抱腰时，因为手臂未被抱住，这时也可采用叉眼、戳喉等方法；如果只求解脱，可采用折手指方法。

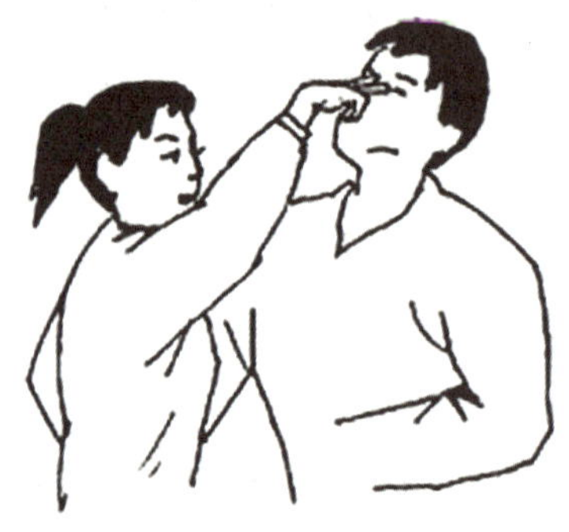
攻击对方眼睛

折对方手指

后腰被抱，反手横肘向后猛击对方太阳穴，当然别忘了蹬腿，身体旋转发力，力达肘尖；反方向折起拇指或小指；以脚跟猛踩对方脚面。连手臂、后腰被抱住时，被抱者可伸手抓、握、提对方的睾丸。因对方注意力在上部，该方法很有隐蔽性，成功的可能性很大。如果对方抱住的是腰部，那么对方必然弯腰，头较低，这时可猛仰头，以后脑击其面部。

以脚后跟踩对方脚面

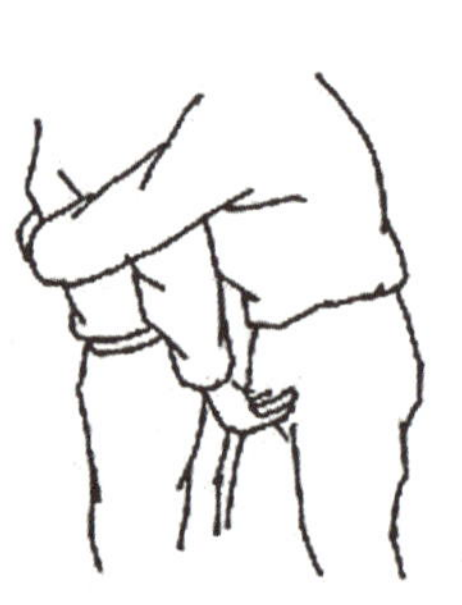
抓、握、提对方的睾丸

猛仰头攻击对方面部

2. 被按压在身下怎么办？

倒地后成仰卧姿势，被歹徒按压。这时歹徒可能站着、跪着、坐着，也可能趴着，骑在女性身上，还可能卧靠在旁边，仅以上身压着仰卧者；受害者可以抓领、抓肩、搂脖、掐喉，但是不管出现上述哪种情况，受害者都要尽可能地采取攻其要害、一招制敌的抬腿蹬击裆部方法。这时可以采取的直接攻击的方法有：

（1）如对方是分跨于仰卧者身体站立，俯身抓、掐、压制仰卧者，仰卧者可抬腿蹬击其裆部。要领是要抬起腰、臀，利用将身体送出去的力量猛蹬。

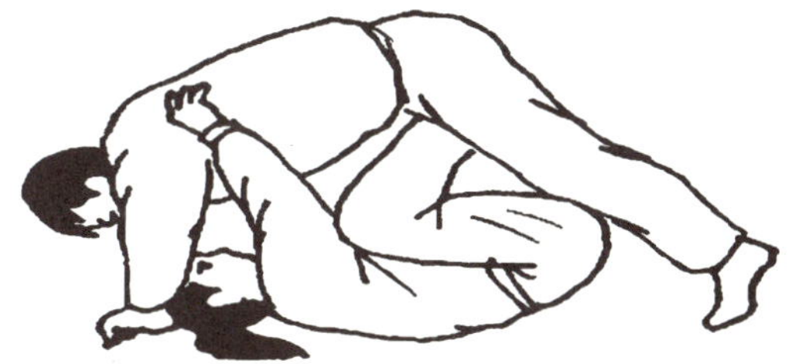

抬腿蹬击对方裆部

（2）如对方手肘抬起，露出腋下，可用掌尖、勾手等猛击其腋窝。

掌尖击腋窝

（3）直接戳击对方的眼睛和咽喉，会有意想不到的效果，因为这时距离很近。

戳击双眼

（4）如果手臂未被压住，对方的手臂又未形成阻隔（多在抱胸、腰时），可用肘尖横击其太阳穴。要点是要用上腰腹之力、旋臂之力。

横击太阳穴

（5）如歹徒强行亲吻仰卧者，可抓住机会咬其鼻尖或舌尖。但要注意的是，被咬伤后的歹徒可能更丧心病狂。因此要在狠咬之后，趁其疼痛一时失智的机会，连续进攻，对其要害部位实施连续攻击。

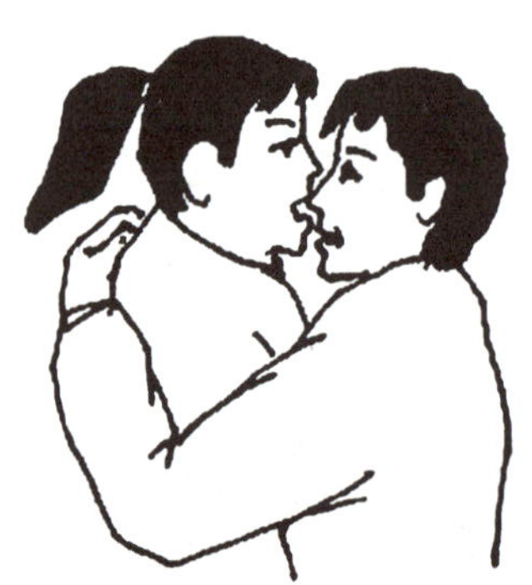

咬鼻尖或舌尖

（6）以头锋撞击对方鼻梁，抬头要猛。

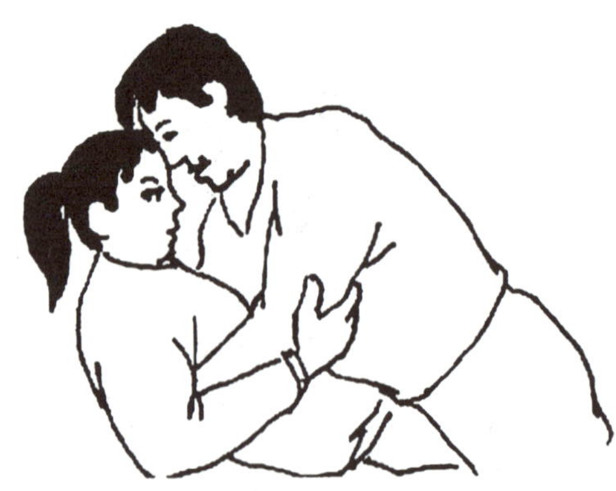

头锋撞击鼻梁

第七章

我是自己的"保护神"

第一节　远离虚幻的网络世界

心海导航

我是一名技校二年级学生，在初中时我就对 Flash 制作感兴趣。在刚进入技校时，我向同学展示自己的作品，可是好多人都不屑一顾，还大谈时下流行的一款网络游戏。对这款网络游戏我并不是很了解，也根本插不上话，每次想和同学一起聊天的时候，总觉得被"隔离"。我想交朋友，于是便开始接触各类游戏以证明自己，经常晚上等父母睡后偷偷爬起来打段位，还与妈妈展开了控制与反控制的"斗争"。虽然与妈妈关系紧张，但是"成功"总要付出点什么。没过多久，我便练就了一副好"身手"，现在同学们看到我就蜂拥而来，我感觉自己"高大"了许多，这种感觉让我特别享受。但是，班主任找我谈话，说代课老师和我父母都反映了我的很多问题，说我上课注意力分散，作业不能按时完成，说我一回家就开始闭门谢客，还说我焦躁不安、乱发脾气等。我很矛盾，不知道该怎么办。

青少年正处于生长发育中最重要的阶段，长时间上网会影响青少年的成长发育，同时也会造成各种疾病，严重时甚至导致猝死。并且，网络成瘾人群多伴发共病精神障碍。如何正确看待网络，是青少年应该关注的问题。

心灵智慧

一、网瘾的概念

网瘾是指上网者由于长时间和习惯性地沉浸在网络时空当中，对互联网产生强烈的依赖，以至于达到了痴迷的程度而难以摆脱的行为状态和心理状态。

二、网瘾的成因

近年来，集社交、娱乐、购物、阅读、理财等为一体的网络，让许多青少年沉迷其中不能自拔。当前，我国网瘾青少年高达 3 000 多万，更糟糕的是，网瘾已成为中国青少年犯罪的首要诱因。网瘾形成的原因是多方面的，在了解网瘾成因的基础上，我们需要深刻剖析自身情况，从而帮助我们更正确地利用网络。

1. 网络的开放性

现代社会科学技术飞速发展，网络已经走进大众的生活，网吧随处可见，拥有电脑的家庭也日益增加。网络的开放性吸引了接受力强、判断力弱的青少年，他们成为网络的新兴群体。但是，良莠不齐的信息和新鲜刺激的画面使得很多青少年丧失了自我向上的精神，迷失了方向。

2. 家庭教育的弱化

这是导致青少年网瘾的重要因素，一方面，受家庭环境的影响，很多家长由于各种原因，忽略了对孩子的关注；另一方面，很多家长对于已经染上网瘾的孩子实施打骂，或是干脆放弃对孩子的教育，最终错过了戒除网瘾的最佳时机。

3. 成就感的缺失

青少年在出现某种压力或者打击后，满足感极大的缺失，久而久之，导致学业失败、心理空虚、缺乏自信，长时间还会产生一种孤独感。经历这些情况的青少年，为满足自己的内心需求，通常会选择逃避，最容易在网络的虚拟世界中重新找到失去的自我和满足的成就感。

三、网瘾的危害

网络作为一种全新媒体和信息获得途径，已经在人们的日常生活、学习和工作中占据越来越重要的位置。但是，网络所带来的负面影响也是非常明显的，网瘾已经日益成为现在家庭与社会和谐的巨大障碍，更是影响了青少年的学习、生活、价值观等。

1. 危害身心健康

青少年正处于身体发育的关键阶段，长时间连续上网，新陈代谢、正常生物钟遭到了严重的破坏，身体容易变得虚弱。有研究表明，青少年长期沉溺于网络中，不仅会影响头脑发育，还会导致食欲不振、焦躁不安、神经紊乱，造成人体免疫机能下降。而网吧大多环境恶劣、空气浑浊、声音嘈杂，青少年在这种环境中上网，也容易被传染疾病。

另外，长期上网会过分关注人机对话，对外界刺激缺乏相应的情感反应，对亲友冷淡，对周围事物失去兴趣、漠不关心，把与别人的交往当成一种可有可无的事情，变得越来越孤僻，容易引发网络孤独症和忧郁症等心理疾病，造成人格的缺陷。

2. 影响学习成绩

有网瘾的青少年沉迷于网络虚拟世界，被网络挤占了原本读书和思考的时间，对现实生活失去兴趣，对学习更是失去兴趣，会出现厌学、逃学、辍学的情况，通宵达旦、废寝忘食地上网，学习成绩因此一落千丈，最终荒废了学业，断送了前程。

3. 阻碍人际交往

大部分有网瘾的青少年性格孤僻、冷漠，容易与现实生活产生隔阂，自我封闭，拒绝与人交往，常独居屋内避不见人，却对着电脑屏幕滔滔不绝。具体表现为：丢掉键盘、鼠标就变得沉默寡言，在现实生活中与人见面和谈话时紧张、面红耳赤、颤抖等，甚至很多有网瘾的青少年产生了社交障碍。

4. 弱化道德意识

在网络世界，人们的性别、年龄、相貌、身份等都能借助网络虚拟技术进行充分的隐匿，从而摆脱了现实社会众多的道德约束。青少年在网络世界中，缺少教师、家长等对他们行为的监督，他们在网上自由任性，这就弱化了青少年的道德意识和社会责任感。

5. 扭曲人生观、价值观

网络社会呈开放状态，内容复杂，良莠不齐。一些不法分子更是利用网络宣扬消极、颓废、暴力甚至违法、犯罪的思想，歪曲事实、混淆视听，青少年在互联网上接触的消极思想会使他们的价值观扭曲，在潜移默化中影响正确的人生观和价值观的形成。

四、预防网瘾的方法

任何事物有其积极的一面，也有其消极的一面，网络也不例外。我们要善于运用网络工具挖掘知识资源，同时也要提高自控力，以预防网瘾的产生。

1. 提高规则和安全意识

上网时，遵守《全国青少年网络文明公约》，同时保护好自身安全，做到：

（1）保守自己的身份秘密；

（2）不随意回复信息；

（3）收到垃圾邮件立即删除；

（4）谨慎与网上“遇见”的人见面；

（5）如果在网上受到伤害，应该寻求家长、老师或者自己信任的人帮助；

（6）不做可能会对其他人的安全造成影响的事。

2. 提升上网效率

除了保护自身安全，我们还要学会目标管理和时间管理，做到：

（1）不漫无目的地上网；

（2）围绕提前设定的上网目标和任务，不被中途出现的其他内容吸引；

（3）事先筛选上网目标，排出优先顺序；

（4）根据完成的任务合理安排上网时间长度；

（5）不要为了打发时间而上网。

3. 积极面对挫折

青少年进入青春期后，个体意识变强，认为凡事自己可以处理，但在现实生活中却经常遇到无法解决的困难，一点小小的挫折就会引起他们的情绪波动。面对挫折，他们会不自觉地寻找网络这个可以逃避现实、充分宣泄的虚拟世界。生活中的挫折无处不在，我们不可能完全避免，只有正确地看待、积极地面对才能让我们的生活变得更丰富多彩，做到：

（1）正确认识受挫的原因，采取有效的补救措施；

（2）确立适合于发挥自己优势的目标，增加自信心；

（3）学会变压力为动力，学会自我调节；

（4）适当参加文体活动，以分散自己的注意力；

（5）学会发泄，可以寻求亲友的帮助以摆脱压力；

（6）学会幽默，自我解嘲。

心理视角

我是一名“阿修罗”

那是某年的夏天，18 岁的我成为一名威武的“鬼剑士”。虽然我的装备栏里空无一物，但是我的手中握着一根棒槌，初入洛兰，我手持棒槌左挥右砍大杀四方。我没有朋友，我不相信任何人，不与任何人组队。经过努力，我终于淘汰了手中的棒槌，拿到了我梦寐以求的巨剑，我也不知道我玩了多久的游戏，我终于升到 18 级了！我终于可以转职了！刀斩肉身，心斩灵魂，我成为一名“阿修罗”！我的攻击力不允许我再拿巨剑了，我换上了丑陋的短剑，但是我已经看不清它的样子了，因为我是一名“阿修罗”！

我曾经深爱着这个游戏，第一次转职的努力，第一次“氪金”的期待，第一次 PK 的兴奋，第一次爆出粉装的骄傲……这些都在地下城里发生了，因为我觉得除了游戏，现实世界给我的尽是压抑。

【感悟】网络游戏是一种虚拟的娱乐休闲活动，能够带给我们快感和刺激，它是我们生活中的调剂品。但是长时间沉浸其中，必然会给我们带来多方面的伤害，就像案例中的主人公，对社会产生消极的看法，迷失在网络游戏的世界中。网络就像一把双刃剑，我们必须调整心态，增强自律性，合理利用网络。

那一刻，我想到了结束生命

曾经的我是一个阳光、快乐的人。那年六月，为了跟上潮流，我下载了风靡全网的游戏，为了能在朋友面前显摆，我背着爸妈从某平台借款 1 300 元，用到手的 900 元买了顶级装备，平台上写着“无抵押免息贷款，凭身份证快速放贷”，我也就没想那么多。

后来的生活我记忆犹新，每天只吃方便面和馒头，回家遮遮掩掩，还骗父母学校要交学费，又和同学借了点钱，好容易攒够了还第一期的钱，万万没想到，还的时候，系统发生故障进不去，整整一天，各种各样的原因导致我逾期，再还的时候已经变成了 2 000 元。我不敢跟父母说，后来客服向我介绍其他的借贷平台，让我借钱先还上这个，当时我还很感激。可是，后来的生活是我不敢回忆的，每天

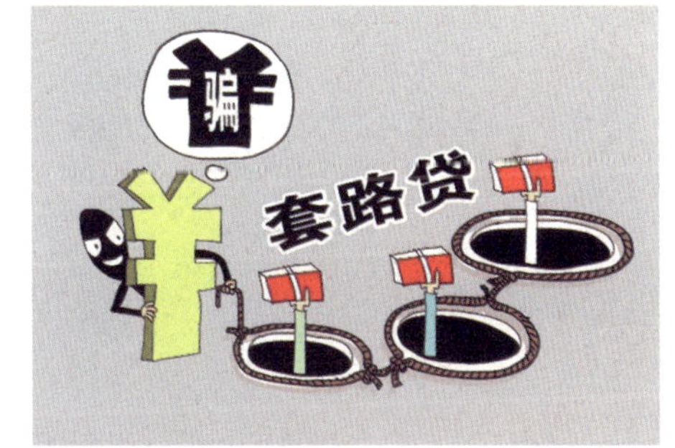

无数平台的催款信息，服务费、审核费、逾期费每天都在成倍数骤增，我每天都在“精打细算”、欺瞒诓骗、搜罗各种借贷平台，几个月时间，已经负债 28 万元。其间，还有人到我们村张贴我的照片，在家门口刷油漆，威逼恐吓，我感到很压抑，觉得很后悔，也对不起我的父母，那一刻，我想到了结束生命……

【感悟】网络在为我们的生活带来便利的同时，也存在着极大的信息安全隐患。很多不法分子利用网络的优势，以“无抵押、零首付、免担保、零利息，只需身份证贷款便可 5 分钟到账”来进行诱骗。因此，我们要增强信息安全意识，不随便泄露自己的身份、住址、电话、习惯等信息，更不能相信“天上会掉馅饼”。

负债累累的“诈金花”

李某是某校学生，听“朋友”谈及某 App 平台上可玩“诈金花”游戏，赚钱非常容易。李某觉得很新奇，就通过支付宝充值 50 元的金币，开始了“诈金花”之旅。刚开始的几局，李某赢了 3 000 多个金币，他觉得这来钱快，比父母给得多。很快，李某就迷上了这个游戏，从玩 1 元的炸金花，加注到玩 5 元的炸金花，但输多赢少，3 000 多个金币很快赔了个精光。为了翻本，李某多次找人“借钱”继续玩，不料最多一盘输了 6 000 多元。本想算了吧，可是看朋友玩的时候赢了钱，李某就又心动了，又充值了 1 000 元进去玩。就这样，李某胆子越来越大，赢了还想赢，输了就想翻本。

接下来，李某就输得有些疯狂了，一次充值 1 000 元、2 000 元、5 000 元，也加注玩，一局的输赢就是一两千元……后来，李某没钱的时候就试着用花呗、京东白条套现，到后来上蚂蚁借呗……

李某的脑子和生活被“诈金花”占满了，学习、成绩、朋友、亲情都被抛之脑后，直到警察找到他……

【感悟】网络赌博是一种刺激性游戏，长期处在输输赢赢的快节奏中，会导致一个正常人精神萎靡，生活习惯和节奏错乱不堪。因此，我们要远离赌博，保持警惕，不贪小便宜，不因为顾及朋友、同学的情面而参与赌博；同时，有效地制止他人参与赌博，必要时向老师或有关部门报告。

趣味测试

你对上网很痴迷吗？上网已经改变了你的学习和生活状态了吗？如果你想知道你

上网的痴迷程度，请你认真阅读下面所列各项，按实际情况作答。

1＝几乎不　2＝很少　3＝有时候　4＝大多时间　5＝总是

1. 你的上网时间常常超出原先计划的时间吗？

2. 你不顾生活琐事而将时间都用来上网吗？

3. 你经常在网上交新朋友吗？

4. 生活中，其他人抱怨过你上网时间长吗？

5. 你会因上网浪费时间而产生学习困扰吗？

6. 你会不由自主地查看社交软件（QQ或微信）吗？

7. 你会因为上网而使学习成绩不理想吗？

8. 你会因为现实生活纷扰不安而在上网后感到欣慰吗？

9. 你会觉得“少了网络，人生是黑白的”吗？

10. 当有人在你上网时打扰你，你会叫骂或是感觉受到妨碍吗？

11. 你会因为上网而牺牲睡眠时间吗？

12. 你会在不上网时仍对网上的事念念不忘吗？

13. 你上网时常说“再过几分钟就好了”这句话吗？

14. 你是否想缩减上网时间却无法办到？

15. 你会试着隐瞒自己的上网时间吗？

16. 你会选择将时间花在网络上而不想与他人外出走走吗？

17. 你会因为没上网而心情郁闷、易怒、情绪不稳定，而一上网这些情绪便无影无踪吗？

18. 你能够有计划地控制自己上网的次数和时间吗？

19. 你是否会因上网而减少运动的时间吗？

20. 你的手机App绝大多数都是游戏吗？

测试分析：

0～23分：正常。你仅仅将网络作为获得信息或休闲的一种工具，不存在对网络的精神依赖行为。

24～49分：轻度上瘾。你在上网时间的把握上有时候稍微滞后，但在总体上仍能够自我控制。

50～79分：中度成瘾。你已经出现一些社会适应问题，生活秩序正在被打乱，情绪开始出现一些较为明显的不稳定特征，你正面临来自网络的问题。

80～100分：重度成瘾。网络成为你的精神寄托场所，你开始出现多种负面情绪，社交功能正在逐步退化。恐怕你需要很强的意志力，甚至需要求助于心理医生才能恢复正常。

心灵训练

我与自律有个约定——21天挑战

在行为心理学中，人们把一个人的新习惯或理念的形成并得以巩固至少需要21天的现象，称为21天效应。

活动目的：

1. 学会管理情绪，阳光生活。
2. 发掘自身的内部能量，提升个人的自信心水平。
3. 改变陋习，完成自我焕新。
4. 培养永不放弃、坚持不懈的精神。

活动规则与程序：

制定挑战目标→启动自我挑战→开始新的挑战→进入挑战历程→打卡挑战结果。

从自我实际出发，选择一个具体的需要改进的行为（如：删除网络游戏以及其他无益的App），设计积极的自我鼓励语言，制订计划（如：把网游的时间替换成锻炼和读书的时间），设置奖励，向自己发起21天的行为挑战。这21天的行为挑战必须连续进行，如果其中某一天做不到，就要重新开始。挑战过程中可以进行自我考核，也可以邀请自己信任的人进行每天的监督，结束后及时进行总结，并继续该项目的21天挑战，直至完全改进行为。

第二节　拒绝尝试“刺激药片”

心海导航

16岁的男孩小华虽然爱玩好动，但学习成绩还不错。这个年纪的孩子，爱玩网络游戏的挺多，小华也不例外。一次，在网吧里，小华认识了一群“哥们儿”。他们掏出一种白色粉末，围坐在那里吸，一副“飘飘欲仙”的样子，这一下子就引起了小华的好奇。当“哥们儿”怂恿他尝一口时，小华毫不犹豫地伸出了手。有了第一次，就有了第二次、第三次。后来，为了弄钱吸毒，小华开始说谎，学也没心思上了，甚至骗低年级同学的钱。这个小小年纪的“瘾君子”让我们在叹息之余，更为他对毒品的不设防而痛心。

大多数青少年都没有亲眼见过吸毒的真实情景，即使知道一点也是通过别人传言获得的。青少年对毒品的疑问和想象持续一段时间后，就有可能对毒品产生强烈的好奇心理，产生一种不亲身体会不罢休的强烈欲望。正是在这种好奇心的驱使下，一些青少年抱着玩一玩、试一试的心理和毒品发生了实质性的接触，从此便被毒品死死缠住不能自拔。据调查，因好奇心而染上毒瘾的青少年占青少年吸毒总数的70%以上。

心灵智慧

一、什么是毒品

根据我国《刑法》第三百五十七条的规定，毒品是指鸦片、海洛因、甲基苯丙胺（冰毒）、吗啡、大麻、可卡因以及国家规定管制的其他能够使人形成瘾癖的麻醉药品和精神药品。

二、毒品的类型

从毒品流行的时间顺序看，可分为传统毒品和新型毒品。

1. 传统毒品

传统毒品一般指鸦片、海洛因等阿片类的毒品，流行较早，一般从植物中提炼，其中以海洛因为首，因其危害性大以及成瘾性强而被称为“毒品之王”。

（1）鸦片。

鸦片又叫阿片，俗称大烟，是罂粟果实中流出的乳液，经干燥凝结而成。因产地不

同而呈黑色或褐色，味苦。

生鸦片经过烧煮和发酵，可制成精鸦片，吸食时有一种强烈的香甜气味。吸食者初吸时会感到头昏目眩、恶心或头痛，多次吸食就会上瘾。

（2）海洛因。

海洛因（heroin）的化学名称为二醋吗啡，俗称白粉，它是由吗啡和醋酸酐反应而制成的，镇痛作用是吗啡的 4～8 倍，医学上曾广泛用于麻醉镇痛，但成瘾快，极难戒断。长期使用会破坏人的免疫功能，并导致心、肝、肾等主要脏器损伤，注射吸食还能传播艾滋病等疾病。历史上，它曾被用作精神药品，但由于其副作用过大，最终被定为毒品。

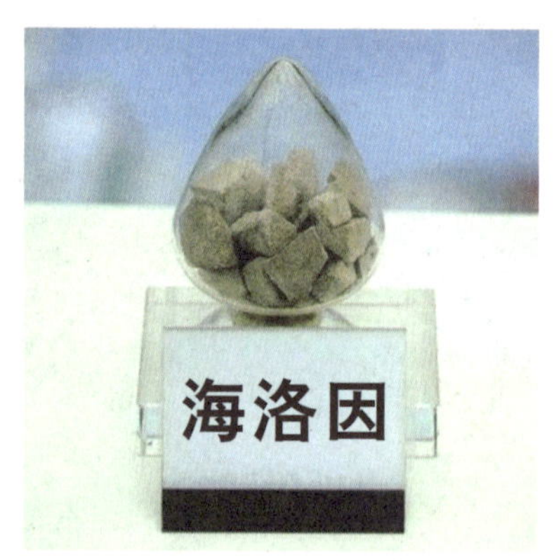

海洛因是我国目前监控、查禁的最重要的毒品之一。

（3）大麻。

大麻是桑科一年生草本植物，分为有毒大麻和无毒大麻。无毒大麻的茎、杆可制成纤维，籽可榨油。有毒大麻主要指矮小、多分枝的印度大麻。大麻类毒品主要包括大麻烟、大麻脂和大麻油，主要活性成分是四氢大麻酚。大麻对中枢神经系统有抑制、麻醉作用，吸食后产生快感，有时会出现幻觉和妄想，长期吸食会引起精神障碍、思维迟钝，并破坏人体的免疫系统。

（4）可卡因。

可卡因是从古柯叶中提取的一种白色晶状的生物碱，是强效的中枢神经兴奋剂和局部麻醉剂。能阻断人体神经传导，产生局部麻醉作用，并可通过加强人体内化学物质的活性而刺激大脑皮层，使中枢神经兴奋，表现为情绪高涨、好动、健谈，有时还有攻击倾向，具有很强的成瘾性。

2. 新型毒品

新型毒品是相对传统毒品而言的，主要指甲基苯丙胺等人工化学合成的致幻剂、兴奋剂类毒品。在我国，主要从 20 世纪末、21 世纪初开始在歌舞娱乐场所中流行。

（1）彩虹烟。

彩虹烟的外形和香烟很像，也是由纸盒包装的，是一种新型毒品。人吸食彩虹烟的时候会产生特殊烟雾，色彩斑斓，乍一看挺酷炫，甚至自带香气。

彩虹烟的成分现在还不清楚，很可能是二三级毒品混合而成。据有关部门统计，正是因为彩虹烟充满“噱头”，在我国台湾地区流行的速度非常快，更恐怖的是，彩虹烟的食用者平均年龄不足 18 周岁，这个阶段正是是非不分、盲目从众的年纪，吸食彩虹烟的时候压根不觉得和毒品有什么关系，即使知道了也只觉得“很酷”。很多抵制不住诱惑的未成年人接连中招，因吸食彩虹烟死亡的也大有人在。

（2）“奶茶”。

新型毒品“奶茶”呈白色粉末状，冲调后即可食用。这种喝的毒品，其致幻效果与摇头丸不相上下。

新型毒品“奶茶”的外观与市面上零售的速溶奶茶区别不大，且味道香甜，很难分辨其真身。但仔细观看，这些“奶茶”制作粗糙，上面并没有基本成分和食用方法等说明。

近年来，类似“奶茶”的新型毒品层出不穷，有的包装成跳跳糖，有的做成胶囊。新型毒品省去了传统毒品点火、打针的繁杂步骤，企图让吸毒这件事变得光明正大，其危害性更大。

（3）“开心果”。

“开心果”是近几年从泰国流入的一种新型毒品，主要成分是冰毒，其外形为粉红色颗粒，像毒品摇头丸。“开心果”可不是零食，而是比摇头丸还要厉害的新型毒品，其毒性和危害性比摇头丸更甚。吸食“开心果”这类新型毒品，有着强烈的“心瘾”。

“心瘾”是一种特殊的弥漫性的感觉，强烈地渴望得到即时满足的心理需求，与内心的空洞感、孤独感、无助感等情绪密切相关。通常，在现实的人际关系和客观世界中失去有力支撑的人，会寻求对物质的依赖以支撑自己的心理现实，从此形成对毒品或毒品替代物的心理依赖。

三、吸毒对身体造成的损害

吸毒会严重影响人的身心健康，造成以下损害。

1. 营养不良

吸毒可引发呕吐、食欲下降，抑制胃、胆、胰消化腺体的分泌，从而影响食物的消化吸收。时间一长，造成吸毒者营养不良和体重下降，特别是经济困难的吸毒者，吸毒时间越长越骨瘦如柴。

2. 损害呼吸道

毒品中大都掺入滑石粉、淀粉等粉状杂物，吸食后往往引发肺梗死、肺气肿、肺结核等肺部疾病；损害免疫系统，引发许多疾病的传播和感染。

3. 损伤血管

静脉注射毒品，可引起局部动脉梗塞、静脉炎、坏死性血管炎和霉菌性动脉瘤等。

4. 损害神经系统

如急性感染性神经炎、细菌性脑膜炎等。

5. 造成性功能障碍

男性多表现为阳痿、早泄、射精困难；女性多表现为闭经、痛经、性欲缺乏和不孕。吸毒孕妇分娩的婴儿死亡率高。

6. 引发多种精神病症状

如自私、冷淡、社会公德意识差，有时出现幻觉和冲动，导致自残、自杀和伤人。

四、青少年自卫防毒术

青少年正处在生理、心理发育时期，单纯无知，有强烈的好奇心与逆反心理，辨别是非能力不强，抵制毒品侵害心理防线薄弱，对毒品的危害性和吸毒的违法性缺乏认识，容易上当受骗，陷入毒品的万恶深渊。为了更好地保护自己，我们要做到以下几点。

1. 不要轻信“一次不会上瘾”

好奇心理促使部分青少年误信谣言，尝试吸毒，轻信新型毒品“不上瘾，无危害”，但众多吸毒者的亲身经历是“一日吸毒，长期想毒，终生戒毒”。

2. 要有警觉戒备意识

对诱惑要提高警惕，坚决采取拒绝的态度，不轻信谎言。不轻易和陌生人搭讪，不接受陌生人提供的香烟和饮料；出入娱乐场所，尽量少喝里面提供的饮料，不随便离开座位，离开座位时最好有人看守饮料、食物等。

3. 不要滥用药品（减肥药、兴奋药、镇静药等）

毒贩经常向青少年吹嘘毒品的好处，称可以治病，还利用女青年爱美的心理编造“吸毒可以减肥”之类的谎言。实际情况是吸毒损害大脑，摧残意志，影响血液循环和呼吸系统功能，降低人的免疫力，引发肝炎、艾滋病、肺结核等疾病。

心理视角

“吸一口”不要紧

有位青年董某，听说吸食毒品能舒筋活血，便萌生了试一试的念头。岂料，他吸食后再也不能自拔。最终，他为筹集毒资而抢劫出租车，被绳之以法。由于对毒品的无知，有的女孩子听说吸毒可以减肥，竟信以为真，结果生命逝去的速度比体重减轻的速度还要快。抱着“找一下吸毒的感觉”“抽着玩玩”“尝尝新鲜”等念头，一些青少年认为“我只想知道吸毒是怎么回事”“我不信它有那么神奇”等，在毒品面前放任自己的好奇心，就好比在悬崖边抬脚试探崖底有多深一样危险。

【感悟】青少年思想敏锐，好奇心强，敢想、敢做。但由于其年少，思维的片面性很大，在许多新事物面前，一旦把握不好，非常容易走入误区。在遇到毒品之前，他们很少懂得毒品的知识，即使知道“毒害”二字，但对毒在哪里、害有多深一片茫然。相反，他们对别人吹嘘的“吸毒可以让人飘飘欲仙”“想什么来什么”“没有一切烦恼，精神倍儿爽”等往往信以为真，从而产生找一找“感觉”的强烈欲望。

“哥们儿义气”酿大错

花季少女刘某活泼好学，还是高三年级的团干部。她知道自己一个很要好的朋友吸毒，在多次劝说其戒毒无效的情况下，刘某决定自己吸毒后再戒毒，来证明给朋友看，让她知道毒品是可以戒掉的。可是刘某万万没有想到，在吸了两次毒品后，她就无法控制自己了，结果她也走上了吸毒的道路。最终，因为吸毒，在不到一年的时间里，她辍学出走，为筹集毒资进了歌舞厅，直到被送进强制戒毒所。

【感悟】处于青春期的青少年容易冲动，这种“你不让我干，我偏要试试”，不服气、不甘心、不认同的较劲心理，在许多青少年中普遍存在。你说毒品可怕，我就不怕；你说毒品难戒，我就吸一个给你看。正是这种逆反心理，促使一些年轻人自己跳进了火坑。

烦恼的“慰藉品”

从小到大，何某的学习一帆风顺，在班上一直是第一名。然而，最近班上转来的新同学成绩更好，直接威胁了他第一名的地位。何某开始有“既生瑜，何生亮”的感觉。期末考试最后一门还没考完，新同学领先5分，于是何某的自尊心受挫，面子上挂不住了。在考最后那门功课时，何某孤注一掷，采取作弊的方式，结果不仅作弊被发现，而且名誉扫地，处分、检讨接踵而来。一直过于顺利的何某被悔恨压得喘不过气来，他无法承受和面对这一切，于是逃避在毒品的梦幻中，最终导致死亡的悲惨结局。

【感悟】一些青少年由于父母离异、家庭关系紧张、学习压力大、师生关系不好、高考受挫，以及待业等不顺心事精神苦闷，情绪低落。于是他们试图以吸毒麻痹自己，借吸毒逃避现实，寻求解脱。怀有这种不积极的心态，其结局只能是登上“死亡快车”。

趣味测试

测一测你对毒品有多好奇，请圈出你的选择。

1. 上课时，邻座的同学阿明跟你说：“昨晚，我在家里找到一瓶止咳水，你是我的好朋友，跟我一起尝试喝喝吧！”你会（　　）。

A. 拒绝同学的邀请，并告诉老师

B. 收下止咳水，留待放学时饮用

C. 觉得很有趣，立即喝止咳水

2. 你在家中的桌子上发现一包印有不同颜色及图案的药丸，你曾经听说食用这种药丸可令人兴奋，你会（　　）。

A. 觉得在家中找到的东西一定很安全，决定食用药丸

B. 想起食用毒品的危害，坚决不服用

C. 尝试服用一颗药丸，若感觉良好再继续服用

3. 你在公园玩耍的时候，附近学校的“大哥哥”免费请你吸一支烟，你会（　　）。

A. 好奇吸烟的感觉，尝试吸一口

B. 把香烟拿回家

C. 拒绝对方，立即回家并告诉父母

4. 考试成绩不理想，你的情绪十分低落，忽然想起朋友曾说吸毒能有助于忘记忧愁，你会（ ）。

A. 不理会吸毒的危害，尝试吸毒

B. 与朋友倾诉此事，并参与体育锻炼减压

C. 邀请朋友陪你一起吸毒

5. 今天是阿明的生日，大强说每人要喝一罐啤酒庆祝，你会（ ）。

A. 不单自己拒绝喝酒，更劝告朋友不要喝酒

B. 很想知道啤酒的味道，喝了一口啤酒

C. 为了逞强，喝了三罐啤酒

6. 在网上社区讨论中，有网友声称吸毒是安全的，你会（ ）。

A. 在其他网站宣传这是未经证实的消息

B. 请教可以信任的人，如老师、父母等

C. 不做任何资料搜集，盲目相信网友

7. 我国近代史上著名的“虎门销烟”中销毁的是（ ）。

A. 鸦片　　B. 海洛因　　C. 大麻

8. 造成吸毒人群中艾滋病流行的主要原因是（ ）。

A. 毒品中含有艾滋病病毒　　B. 吸毒人员体质弱　　C. 共用注射器

参考答案：1. A　2. B　3. C　4. B　5. A　6. B　7. A　8. C

心灵训练

拓展活动 1：数据调查

一家名为“成瘾治疗网”的网站，根据美国疾病控制和预防中心、美国毒品滥用和精神健康服务管理局、美国国家公路交通安全管理局的资料数据，统计出香烟、酒、毒品等成瘾物质对人类寿命的影响，制作出令人触目惊心的“减寿表”。快来仔细看一看，回去劝说家人远离烟酒和毒品，为家庭幸福和健康生活助威哦！

单位剂量成瘾物质减寿数据：

每支烟减寿 13.8 分钟；

每剂可卡因减寿 5.1 小时；

每杯酒减寿 6.6 小时；

吸食一次冰毒减寿 11.1 小时；

每剂美沙酮减寿 12.6 小时；

每剂海洛因减寿 22.8 小时。

以上数字是根据减寿公式计算得出的，即：

平均预期寿命－平均死亡年龄＝减寿年龄

减寿年龄×365.24×24＝减寿小时数

平均每天使用量×使用天数＝一生中用量

减寿小时数/一生中使用剂量＝每剂减寿小时数

使用天数＝平均死亡年龄－首次使用平均年龄×365.24

根据上述公式，计算出的成瘾物质日常平均剂量减寿时间如下：

1 包烟＝4.6 小时；

2.14 杯酒＝14.1 小时；

6.6 剂可卡因＝33.7 小时；

5.3 剂冰毒＝58.8 小时；

3 剂海洛因＝68.4 小时。

不同成瘾物质减寿数据：

长期吸烟者：开始规律吸烟的平均年龄为 17.8 岁，日均吸烟量 20 支，平均死亡年龄为 68.7 岁；平均烟龄 50.9 年，减寿 10 年，为预期寿命的 13%。长期吸烟者平均每天减寿 4.6 小时。

长期饮酒者：开始规律喝酒的平均年龄为 16 岁，日均饮酒量为 2.14 杯，平均死亡年龄为 55.6 岁；平均酒龄 39.6 年，减寿 23.1 年。长期饮酒者日均减寿 14.1 小时。

长期吸食可卡因者：开始规律吸食的平均年龄为 20 岁，日均吸食 6.6 剂，平均死亡年龄为 44.5 岁；平均毒龄 24.5 年，减寿 34.3 年。长期吸食可卡因者日均减寿 33.7 小时。

长期吸食冰毒者：开始规律吸食的平均年龄为 19.7 岁，日均吸食 5.3 剂，平均死亡年龄为 36.8 岁；平均毒龄 17.1 年，减寿 41.9 年。长期吸食冰毒者日均减寿 58.8 小时。

长期吸食海洛因者：开始规律吸食的平均年龄为 23 岁，日均吸食 3 剂，平均死亡年龄为 37.5 岁；平均毒龄 14.5 年，减寿 41.2 年。长期吸食海洛因者日均减寿 68.4 小时。

拓展活动 2：做个知法守法的正义人

1. 哪些行为会“触法”?

有下列行为之一，构成犯罪的，依法追究刑事责任；尚不构成犯罪的，依法给予治安管理处罚：

介绍买卖毒品处罚：依据情节轻重，处以 5 日以下拘留至 3 年以下有期徒刑、拘役或者管制，并处罚 500～3 000 元。

容留吸毒处罚：依据情节轻重，处以 5 日以下拘留至 3 年以下有期徒刑、拘役或者管制，并处罚 500～3 000 元。

持有毒品处罚：依据非法持有毒品数量，处以 3 年以下有期徒刑、拘役或者管制，直至 7 年以上有期徒刑或者无期徒刑，并处罚金。

吸食毒品处罚：吸食、注射毒品的，依法给予治安管理处罚，主动到公安机关登记或者到有资质的医疗机构接受戒毒治疗的，不予处罚；吸毒成瘾的，公安机关依法予以社区戒毒，其中对于吸毒成瘾严重或社区戒毒期间再次复吸的，公安机关可直接做出强制戒毒的决定。

种植毒品原植物处罚：一律铲除，依据非法种植数量，处以有期徒刑、拘役或者管制，并处罚金，收获前自动铲除的，可免于处罚。

强迫、引诱、教唆、欺骗他人吸毒，注射毒品处罚：依据情节轻重，处以 3 年以下有期徒刑、拘役或者管制，直至 10 年以下有期徒刑，并处罚金。

2. 我国《刑法》对毒品犯罪的刑事责任年龄是如何规定的？

毒品犯罪刑事责任年龄，是指法律所规定的自然人对自己所实施的毒品犯罪行为应负刑事责任必须达到的年龄。

毒品犯罪刑事责任能力，是指毒品犯罪行为人能够正确辨认自己行为的社会性质及其意义，并能够控制和支配自己行为的能力。

（1）已满 16 周岁的人实施毒品犯罪，应当负刑事责任；

（2）已满 14 周岁不满 16 周岁的人，犯贩卖毒品罪的，应当负刑事责任；

（3）已满 14 周岁不满 18 周岁的人实施毒品犯罪，应当从轻或减轻处罚。

第三节　向校园欺凌说“不”

心海导航

某日，中学生小陶在校外被一群人围殴，打人者用脚踢小陶的头部，逼迫她下跪，过程持续十分钟，待她起来后，一名男子用手抽她的后脑勺，要求她“脸朝上笑一个”“笑好看点”。小陶身体左侧淌血，其他男子全程欢呼雀跃。

事发后，小陶身体严重受损，精神也有点异常，怕出门，经常做被殴打的噩梦。小陶的家人为此很担忧，不知道如何解决。

中学时期是人生中的特殊时期，青少年的人生观、价值观和世界观尚不明确，性格多变，遇事易冲动，常用简单粗暴的方法解决问题，容易发生校园暴力事件。校园暴力就像一头猛虎，让人不寒而栗。

心灵智慧

一、什么是校园欺凌

校园欺凌是发生在校园内、学生上学或放学途中、学校的教育活动中，老师、同学或校外人员，蓄意滥用言语、躯体力量、网络、器械等，针对师生的生理、心理、名誉、权利、财产等实施的达到某种程度的侵害行为。

二、校园欺凌的种类

1. 肢体欺凌

利用身体动作直接攻击他人，如殴打、踢踹、绊倒、推搡、掌掴、推挤、吐口水等。

2. 言语欺凌

用言语对他人造成伤害的行为，如取侮辱性绰号、辱骂、讥讽、恐吓以及用言语讽刺或嘲笑别人的外表、穿着、行为举止、兴趣爱好、家庭环境、宗教、种族、身体残疾等。

3. 社交欺凌

发生在关系密切的同学之间，如同一小组、同一社团、同一宿舍等。欺凌者多通过与其他人共同排挤、孤立被欺凌者，使其被排挤在团体之外。

4. 网络欺凌

利用互联网，通过 QQ、微信、电子邮件、聊天室等多元网络媒介散播伤害被欺凌者的言论、图片或视频等，使被欺凌者重复地在更大范围受到围观，从而对其造成更大、更深的精神痛苦。

5. 财物欺凌

欺凌者通过损毁被欺凌者的文具、衣服等物品达到凌辱对方的目的。

6. 性欺凌

性欺凌是指以性或身体特殊部位为取笑、嘲弄对象，或拍摄、散播、描写令被欺凌者不舒服的与性相关的图片、影像及文字等，或强迫摩擦、攻击被欺凌者身体的特殊部位等行为。

三、校园欺凌的危害

从出生的那一刻起，我们就独立存在，他人没有权利对我们造成伤害。但触目惊心的校园暴力事件让我们感到痛心，很多时候，欺凌者未能清楚地认识到危害，无论是物理攻击还是语言暴力，都足以击毁一个人，影响被欺凌者的一生。校园欺凌除了给被欺凌者造成创伤外，对于旁观者的心灵、家庭美满和社会秩序都会产生广泛的影响。

1. 给被欺凌者造成身体和心灵的创伤

当遭受欺凌时，被欺凌者轻则肉体受到损伤，重则失去宝贵的生命。除此之外，被欺凌者心理上的伤害远远超过身体上的伤害，原本不自信的性格更加脆弱，产生厌学情绪，甚至导致辍学。由于长期处于孤僻的环境中，有些被欺凌者会对社会产生抗拒、报复心理，转化为欺凌者。

2. 欺凌者的世界观、人生观、价值观会发生扭曲

欺凌者通过欺凌的方式，让自己产生优越感，然而这种优越感是错误的。一旦步入社会，他们的这种优越感就会消失，便会不安或自我否定，不利于良好性格的养成。另外，欺凌者很可能会遭受学校处分甚至法律惩罚，轻则被学校开除，失去继续学习的机会，重则进入牢狱，遗憾终生。

3. 旁观者的内心易发生变化

目睹欺凌行为的发生，旁观者会处于不安的环境中，恐惧、无所适从，有些人会因为没有采取行动而产生负罪感，有些人会模仿或试图参与欺凌行为。

4. 不利于良好社会风气的形成

如果校园欺凌发生未被及时制止，双方家长的介入会使矛盾激发，言语上的攻击带动肢体上的冲突，演变为群殴事件，造成学校和社会秩序混乱，对社会风气产生负面影响，不利于社会主义核心价值观的践行。

四、校园欺凌产生的原因

1. 校园欺凌当事人因素

就欺凌者而言，缺少对他人基本的尊重，性格要强，处事霸道，想要通过欺凌行

为来彰显自己；就被欺凌者而言，一般都是胆小的学生，畏惧欺凌者，欺凌行为发生后，不愿寻求老师、家长帮忙，害怕在寻求帮忙后欺凌者实施更加严重的报复；就旁观者而言，他们认为与自己无关，助长了欺凌者的气焰，导致严重后果。

2. 家庭教育的缺失导致学生性格发展偏差

校园欺凌的根源在于家庭。一方面，孩子的成长是一个不断模仿学习的过程，一些家长做事不讲原则、处理问题简单粗暴、不善沟通。孩子长时间在这样的环境中接受了相应的处事原则，产生了暴力倾向。另一方面，一些父母外出打工或者忙于工作，对孩子的在校情况不关心，孩子无法从父母那里获得帮助，受了委屈后也无法倾诉。此外，一些家长的教育理念跟不上时代要求，教育观念滞后，对于欺凌，认为只是孩子间的打打闹闹。

3. 社会中大量不良诱惑的存在

社会上的一些暴力观念、电视和电影中出现的暴力情节、网络游戏中的格斗情景、新媒体充斥的暴力文化等都潜移默化影响着学生，对他们的价值观产生负面影响。

五、如何应对校园欺凌

1. 当欺凌发生时，应对欺凌不怯懦

当遭遇欺凌时，告诉自己不要害怕，假装答应欺凌者的要求，与对方周旋，提醒对方校园欺凌的违法违纪行为会受到学校和法律的制裁，让对方有所顾忌。一个人一旦内心坚定，就会散发出一种强大的威慑力。如果周围有人，要大声喊叫，引起别人注意，让欺凌者胆怯；如果肢体欺凌正在发生，自己势单力薄无力反抗或逃脱，可用身边的物品如书包、扫把、凳子等来抵挡，也可抱头下蹲，躲避受到的打击。事后，一定要及时向老师报告、向家长诉说、向警察报案，相信一定会有办法来制止校园欺凌，千万不要忍气吞声。

2. 预防被欺凌，平时需谨慎

校园欺凌事件多发生在上下学时、课间休息、午晚休；发生欺凌事件的地点多在校园楼梯拐角、厕所、操场或寝室、上下学途中等。为了避免遭受欺凌，在欺凌事件易发生的场所要尽量躲避绕行，上下学路上结伴而行，不贪玩。

心理视角

不做沉默的羔羊

某日下午3点，在北京市西城区某职业学院内，女学生朱某伙同另外4名女同学

在学校女生宿舍楼内，采取恶劣手段，无故殴打、辱骂两名女学生，并拍摄视频。

其间，5 名欺凌者脱光了 1 名被欺凌女学生的衣服予以羞辱，并用手机拍摄了羞辱、殴打视频，事后还在自己的微信群内小范围传播。其中 1 名被害人当天先后被殴打了 3 次。

事情的起因是一名欺凌者当天觉得心情不爽，想打人，所以她随机选择了被害人，两人没有什么矛盾冲突，仅仅是欺凌者看到被害人了，结果就伙同其他人将其殴打一顿。

案发后，被害人给自己的妈妈打了电话。当妈妈看到孩子脸上、身上的伤口时，非常震惊、愤怒、悲伤。于是，这位妈妈选择了报警。这起校园欺凌案最终被诉诸法律。

【感悟】研究机构的调查显示，“日常摩擦”在校园暴力事件的起因中居首位，“钱财纠纷”次之，“情感纠葛”居第三位。另有一部分暴力事件是由“偏激心理”引发的。遏制校园欺凌，同学们不要慌张，及时向老师报告、向家长诉说、向警察报案，学会保护自己的合法权益。

谁是弱者?

狮子一直以来都对蚊子极端轻视，蚊子受不了这种屈辱，它鼓起勇气，自当战士，自当号手，扯起嗓子高呼，宣称要同狮子决一死战。

狮子付之一笑，根本不把蚊子放在眼里。蚊子却非常认真，它时而从背后，时而对着狮子的眼睛或是耳朵嗡嗡叫。它瞅准部位，抓住时机，像雄鹰一样俯冲下来，将毒刺狠狠扎进狮子的屁股。狮子浑身一抖，甩起尾巴去打蚊子。但蚊子非常灵巧，而且它丝毫不胆怯，又转到狮子的脑门上猛吸鲜血。

狮子摇头晃脑，抖动鬃毛，奋力想把蚊子从身上赶走，但蚊子却不管不顾，忽而扎扎狮子的鼻子，忽而咬咬狮子的耳朵。狮子暴跳如雷，仰天一声怒吼，把牙齿磨得咔咔响，两只前爪使劲刨着泥土。可怕的咆哮使飞禽走兽胆战心惊，纷纷躲藏。

造成这一切的竟然是一只小小的蚊子！狮子乱蹦乱跳，最后精疲力竭，扑通一声倒在地上，只好乞求和解。这时蚊子的怒气已经发泄了，便接受了狮子的求和。蚊子取得了最后的胜利，高兴得在树林里飞来飞去，宣布这一胜利。

【感悟】无论力量多么强大，都不要嘲笑、欺凌弱者，有时候弱者的报复也是很可怕的。

趣味测试

你有暴力倾向吗？

现实生活中，我们很多人都有暴力倾向，只是有人表现在外，有些人不会表现出来。通过下面的测试，你会找到一点蛛丝马迹。

深夜，你独自一人走在小区里，着急赶回家，你最害怕遇到下列哪种情形？

A. 原本坏掉的路灯突然亮起

B. 小区花园里有黑影闪过

C. 昏暗处，有女人低啜哭泣的声音

D. 身后有跟随的脚步回声

答案解析：

选 A：暴力对你来说是一种不屑一顾的行为，认为那是野蛮人的做法。

你的脾气比较温合，遇事会先思考再决定。你很反感武力，如果遇到不顺心的事，最多暴几句粗口，会独自生闷气。你比较倾向于完美主义，即使你很抓狂，也会力求完美地解决问题。

选 B：性格比较含蓄，不喜欢在外人面前倾诉自己的感受。

不管什么苦，你都会自己一个人承受。对于暴力，你是恐惧的。或许你就是一个正在遭受暴力威胁的人，你需要改变性格，学会沟通，尽早化解存在的问题。

选 C：潜意识里有向往暴力的倾向。

你心里承受的压力比较大，压抑的事情让你的心情很容易随着身边人的所作所为而变化。你比较善变，而且容易钻牛角尖，容易愤怒的原因多数来自感情纠葛。

选 D：注重以德服人的说法，把暴力看得很简单，甚至认为那是正常举动。

平时如果有情绪发泄时，一般还是自己忍隐地解决了。不过你的内心中还是有少量暴力倾向，如果有人逼你，或许会爆发出来。

心灵训练

拓展活动 1：“变形虫”

活动目的：

1. 通过心理游戏“变形虫”，学生体验沟通的必要性。

2. 通过小组交流，学生感悟人际交往中理解、合作、认同的重要性。

3. 在体验和分享中学习人际交往技巧，提高人际交往能力，在信任中加强合作，从而避免校园欺凌行为的发生。

活动道具：

13 米长的绳子 2～3 根，5 个眼罩为一套，需要若干套。

活动程序：

1. 主持人先把 13 米长的绳子两头打结，结成一个大绳圈，这样的大绳圈准备 2～3 个。
2. 全班学生分成若干组，每组 5 人。2～3 组同时进行游戏比赛。
3. 5 名学生分别戴上眼罩，主持人把事先准备好的大绳圈分别交给他们。
4. 根据主持人发出的变形指令，如正三角形、正四边形、正五边形……5 名参与者通过合作完成，用时最少的组为胜。
5. 在合作变形的过程中，不允许用语言交流。
6. 游戏结束后，请学生分享游戏中的感受和体验。

注意事项：

1. 绳子的长度以比 5 个人伸直双臂的总长度多 5 米为宜，不要太短，也不能太长，否则都会影响游戏的难度。
2. 一般以 2～3 个小组同时开展比赛为宜，这样可以节省时间。
3. 在变形过程中，要求绳子充分展开，不可以收缩部分绳子而减短边长、降低难度。

活动点评：

当五个人之间的关系确定后，对主持人提出的变形要求可做出规律性变化，明确一个人可以代表一个点，也可以代表两个点，两个点可以形成一条线，所以一个人也可以作为一条边，假如要变出一个正三角形，五个人中只需要三个点，必然出现两人重叠的情况。假如要变出一个六边形，需要四个人每人一个点，一个人出两个点，共六个点构成，调整六条边等长即可。

由于整个游戏要求参与者不用语言交流，所以一组要顺利完成变形过程，需要产生领导者。通过自发产生的领导者进行统一管理，才能从无序到逐步有序。在游戏中存在领导者与服从者两种角色，学生之间需要有一个协调、服从、合作的过程，主持人需要有充分的耐心等待变形过程的完成。周边学生也要保持安静，不要大声提醒和暗示，当变形成功时要集体鼓掌给予鼓励。

拓展活动 2：学习法律知识

1. 刑事责任

现在有些学生认为自己是未成年人，即使犯罪也不用负刑事责任。我们知道，根据《刑法》的有关规定，已满14周岁不满16周岁的人，犯故意杀人、故意伤害致人重伤或者死亡、强奸、抢劫、贩卖毒品、放火、爆炸、投放危险物质罪的，应当负刑事责任。

2. 民事责任

根据《民法典》和《最高人民法院关于确定民事侵权精神损害赔偿责任若干问题的解释》的有关规定，九种人格权（生命权、健康权、身体权；姓名权、肖像权、名誉权、荣誉权；人格尊严权、人身自由权）遭受不法侵害时，可以向人民法院起诉请求赔偿精神损害。被害人因侵权行为致死，其家属因此在精神上受到极大的打击，可以依法提起精神损害赔偿，要求支付抚慰金。

3. 治安管理处罚

根据《治安管理处罚法》的规定，殴打他人的，或者故意伤害他人身体的，处5日以上10日以下拘留，并处200元以上500元以下罚款；情节较轻的，处5日以下拘留或者500元以下罚款。有下列情形之一的，处10日以上15日以下拘留，并处500元以上1 000元以下罚款：

（1）结伙殴打、伤害他人的；

（2）殴打、伤害残疾人、孕妇、不满14周岁的人或者60周岁以上的人的；

（3）多次殴打、伤害他人或者一次殴打、伤害多人的。

遏制“艾” 传递爱

第一节 艾滋病离我们有多远

心海导航

1985 年 6 月，一位美籍阿根廷人来中国旅游，因得了怪病住进北京协和医院，5 天后发病死亡，这是首份报告中国境内第一例艾滋病病人。

截至 2018 年 3 月 31 日，全国报告现存活艾滋病病毒（HIV）感染者/艾滋病（AIDS）病人 789 617 例，报告死亡 245 498 例。现存活艾滋病病毒（HIV）感染者 460 551 例，艾滋病病人 329 066 例。

艾滋病在我国流行趋势日益严重，已被我国列为重点控制的重大传染病，其危害非常大，如果不及时加以控制，它将威胁到每一个人的生活和健康。让我们一起来认识艾滋病吧！

心灵智慧

一、什么是艾滋病

艾滋病（AIDS）是由艾滋病病毒（HIV）感染所导致的严重传染病。艾滋病病毒侵入人体后，破坏人体的免疫功能，使感染者变得虚弱，丧失对疾病的抵御能力，最后导致死亡。

二、艾滋病病毒感染者与艾滋病患者

艾滋病病毒感染者本身就具有传染性，感染者的免疫功能还没有受到严重破坏，自身无明显症状，最快半年出现症状，最慢 20 年出现症状。

艾滋病患者是指感染者的免疫功能被破坏到一定程度后，自身进入艾滋病期。

三、艾滋病的临床表现

1. 急性感染期

一般在感染艾滋病病毒后 2～6 周出现。表现为发热、咽喉痛、淋巴结肿大、皮疹等，一般持续两周自行消退。但不是所有人都会有明显的急性感染期，出现率为 50%～75%，此期间感染者具有传染性。

2. 无症状感染期

该期间的特点是没有明显的症状，是艾滋病的潜伏期。潜伏期内的艾滋病病毒感染者具有传染性，又称作艾滋病病毒携带者。这时的艾滋病病毒抗体阳性检出率几乎达 100%。

3. 艾滋病期

表现为全身症状，如持续不规则低热；持续性全身性淋巴结肿大，特别是除腹股沟以外，全身有两处以上部位淋巴结肿大，一般为 1 厘米大小，不疼痛；持续慢性腹泻；三个月内体重下降 10%以上；盗汗，初为夜间出现，继而发展到白天也存在；极度乏力、记忆力减退、反复头疼、反应迟钝乃至痴呆；出现肺炎、结核、肠炎等，甚至肿瘤；艾滋病病毒抗体阳性。

四、艾滋病的严重危害

艾滋病是一个社会问题，社会中的每个成员都有可能成为艾滋病流行的直接或间接受害者。

1. 艾滋病对个人的危害

首先，艾滋病对身体的影响。艾滋病病毒感染者经过一定时间发展成艾滋病患者，其健康状况会迅速恶化，肉体受到巨大的折磨。艾滋病患者经常生病，不能参加一些日常的活动，且疾病会反复发作，直至最后被夺去生命。

其次，艾滋病对心理的影响。人一旦知道自己感染了艾滋病病毒，就会产生巨大的心理压力。很多艾滋病病毒感染者或艾滋病患者心情沮丧，甚至失去活下去的勇气。因为他们既害怕别人知道自己是病毒感染者受到歧视，被朋友、家人冷落，很难得到亲友的关心和照顾，又害怕因病情不断加重而死去。

2. 艾滋病对家庭的危害

由于多数艾滋病病毒感染者和艾滋病患者处于青壮年，他们是家庭经济的主要来源，因此，当他们丧失了劳动能力，不能再工作，同时又需要支付高额的医药费时，家庭经济状况就会很快恶化。艾滋病病毒感染者和艾滋病患者的家庭，结局一般都是留下没有父母的孤儿或留下孤苦伶仃的老人无人照顾。

此外，社会上对艾滋病患者及艾滋病病毒感染者的种种歧视态度会殃及其家庭，他们的家庭成员和他们一样，也要背负起沉重的心理负担。因此容易产生家庭不和，甚至导致家庭破裂。

五、艾滋病的传播途径

艾滋病病毒存在于艾滋病患者和艾滋病感染者的血液、精液、阴道分泌物中。艾滋病的传播途径有三种。

1. 血液传播

我们日常生活中哪些行为会造成血液传播？具体如：共用注射器静脉吸毒；输入或注射被艾滋病病毒污染的血液或血液制品；共用剃须刀。

2. 性接触传播

通过混乱的男女间、男性（同性恋）间的性交传播。如与艾滋病病毒感染者发生性关系。

3. 母婴传播

母亲是艾滋病患者或艾滋病病毒感染者，在怀孕、分娩过程中通过血液，产后通过母乳将艾滋病病毒传播给胎儿或新生儿。

2018 年一季度新发现的艾滋病病毒感染者和艾滋病患者中，异性性接触传播

25 358 例（占比 69.2%）；同性性接触传播 7 762 例（占比 21.2%）；注射毒品传播 1 945 例（占比 5.3%）；母婴传播 404 例（占比 1.1%）。

心理视角

羞涩少年情窦初开的悲惨遭遇

小贾，男，某校高中二年级的学生，看到同学都有女朋友，处于青春期的他也渴望有一个女朋友。在一次同学的生日聚会上，他认识了一位外表文静的女孩儿，俩人互留了手机号码，随后通过网络聊天俩人感情迅速升温并确定了恋爱关系，相处半年后，俩人选择在七夕情人节那一天见面，在节日气氛的烘托下，俩人吃完晚饭后来到小旅馆过夜。

寒假的时候，小贾感冒发烧住院，一周后也不见好转，而且持续低烧、腹泻。后经检测，他是艾滋病病毒携带者。

开学后，他忍受不了同学异样的眼光，总觉得同学们背后说的悄悄话都是在议论他、讽刺他，他被迫中断学业。因为他的事情，父母被别人指指点点，在亲戚朋友面前抬不起头。整日待在家里的他觉得一切都是自己造成的，感觉前途渺茫，最终选择跳楼结束了自己的生命。

【感悟】小贾感受到周围人用有色眼光看自己，他觉得前途渺茫，不知何去何从，也不知自己何时会犯病，对未来失去了希望，最终选择自杀。可见，患艾滋病对人的心理会产生非常巨大的影响。因此，青少年一定要有正确的恋爱观，并懂得洁身自爱，不要把自己置于危险之中。

命运多舛的花季少女

小 A，女，15 岁，学习成绩一般，小小年纪便辍学去社会上闯荡。很快，她就结识了一些社会不良人员。一次，她与朋友在酒吧玩耍时，被人在酒杯里放了摇头丸。在家人的关爱和帮助下，她在戒毒所成功戒毒，但不幸的是，半年后她外出打工，复吸。她被迫辞掉了原来低收入的工作。

白天，小 A 在过完毒瘾后昏昏入睡；晚上是她的挣钱时间。夜幕来临，她化完妆就要拖着扎满针眼的疲惫身体出去找活，凌晨回家吸毒、睡觉，然后起床化妆……几乎天天如此。一天 24 小时，小 A 几乎不吃东西，却要吸毒 3 次，抽掉两包香烟。随着毒瘾越来越大，为了节省毒资，她和同住女孩小C共用注射器注射毒品。后来，哥哥把她带回家，再一次送入戒毒所进行强制戒毒，一年后，她成功戒毒。

又过了两个月，她去看望生病住院的小C，当得知小C是艾滋病患者时，犹如晴天霹雳。“艾滋病太恐怖了。”小A害怕自己被确诊，她几次走进防疫站，却没有勇气咨询。终于抽了血，结果HIV检测是阳性，她也是艾滋病病毒携带者。面对突如其来的打击，小A开始破罐破摔，再次复吸。

两年后，小A因吸毒导致身体瘦弱，抵抗力下降，同时因艾滋病病毒破坏了她的免疫功能，导致普通感冒转为肺炎，不幸去世。

【感悟】故事中的小A命运多舛，最后因她与艾滋病病毒感染者共用注射器吸毒，导致自己也感染了艾滋病，身患艾滋病使她对生活失去信心、对未来失去希望，走投无路时她选择再次复吸。作为青少年，在日常的生活中我们一定要擦亮眼睛，善交益友、乐交诤友、不交损友。

张先生一家

张先生一家曾经与我们一样，幸福地生活着……

几年前，张先生不幸感染了艾滋病病毒，而他却毫不知情。这是第一个不幸。

后来，张先生的儿子出生了。不久，张先生和妻子发现儿子不仅瘦弱，还特别容易生病，去医院治疗的时候，被告知这个孩子患有艾滋病。这个消息如五雷轰顶，这是第二个不幸。

医生告诉张先生，这种疾病是可以通过母婴传播的，婴儿得了艾滋病，最大的可能就是他的妈妈感染了艾滋病。

第三个不幸来临了。张先生的妻子也被检测出感染了艾滋病病毒，她是通过与张先生的性生活而感染的。张先生此时才知道自己已经感染艾滋病病毒很久了。

这时，他们想到了自己的大女儿，会不会她也……

不幸中的万幸是，妻子在孕育大女儿时，张先生还没有感染上艾滋病病毒，自然妻子也没有感染艾滋病病毒，所以他们的大女儿没有被感染。这对于张先生一家来说是一个小小的安慰。

不久之后，灾难陆续降临了，张先生的小儿子、张先生和他的妻子相继因艾滋病发病去世，最终，大女儿孤零零地生活在这个世界上。

【感悟】通过案例我们可以看到，一人感染艾滋病病毒会导致家庭成员被感染，并且后果是非常严重的，原本幸福的一家四口因艾滋病家破人亡。因此，我们一定要注意自己的行为，洁身自好，做一个对自己、对家庭负责的人。

趣味测试

判断是否会感染艾滋病病毒的行为

游戏规则：

如果你认为这一行为不会感染艾滋病病毒，请画“×”；

如果你认为这一行为可能会感染艾滋病病毒，请画“♯”；

如果你认为这一行为很有可能会感染艾滋病病毒，请画“√”。

1. 发生性行为时使用安全套；
2. 接吻；
3. 一位感染了艾滋病病毒的母亲给孩子哺乳；
4. 无防护的性行为；
5. 正规血站献血；
6. 不戴手套清洗溅在衣服上的血液；
7. 用消毒液清洗针头后重复使用；
8. 用水清洗针头后重复使用；
9. 与艾滋病病毒感染者共用坐便；
10. 与吸毒者共用针头；
11. 给予或接受艾滋病病毒携带者或者艾滋病患者的按摩；
12. 与艾滋病病毒感染者共用餐具；
13. 一位艾滋病病毒感染者在你面前咳嗽或打喷嚏；
14. 在无正规资质的诊所或者店铺文身、打耳洞；
15. 卖血。

【小结】一个人一旦感染上艾滋病病毒，就没有机会回到过去，这是严峻的事实。请记住，是否感染艾滋病病毒并不在于你是什么人，而在于你所做的决定是否将自己置于危险境地。

心灵训练

换水游戏

游戏道具：

纯净水，氢氧化钠（火碱、烧碱），烧杯（首选玻璃杯，纸杯亦可），注射器。

活动目的：

我们用纯净水代表健康人，氢氧化钠代表艾滋病病毒，含有氢氧化钠的溶液代表艾滋病病毒感染者。纯净水与氢氧化钠溶液，两者均为无色无味的液体，在外观上没有任何区别，表示艾滋病病毒感染者与普通人看上去完全一样。通过游戏，学生可真切地感受艾滋病病毒传播的速度，明白对不安全行为自己要提高警惕，以免于感染艾滋病病毒。

活动规则与程序：

准备 7 个盛有液体的杯子，其中只有一杯是氢氧化钠溶液，其他的杯子中全是纯净水，这表示只有一人感染艾滋病病毒。

学生按如下步骤进行游戏：

1. 从全班中选出 7 位同学，大家可以任意取一个盛有液体的杯子。

2. 每位同学手中有一杯溶液，但是不说明哪一个杯子里含有氢氧化钠。

3. 每位同学在不知情的情况下，进行液体交换。每人从自己杯中用注射器抽出 3 毫升溶液加入对方杯中，一个人与 6 个不同的人进行液体交换。

第一次换水完毕，大家按原队形站好。

第二次换水完毕，大家按原队形站好。

…………

4. 液体交换完毕。

5. 验证。开始时，只有一只杯子中含有氢氧化钠，现在有多少呢？让我们加入酚酞指示剂检验一下。颜色由无色变为红色为阳性反应，说明已感染“病毒”。无变化为阴性反应，说明没有感染。结果如何呢？

活动结果：

所有杯中的水全部呈红色，只不过由于浓度的不同，各个杯中呈现出的红色深浅不同，也就是说，“病毒”感染程度不同，但是艾滋病病毒是可以在人体中繁殖的。

【小结】艾滋病病毒传播的速度之快、范围之广超出人们的想象，许多人并不了解自己所面临的危险。性伴侣越多，危险越大，安全套是预防艾滋病病毒感染的有效工具。

知识拓展

以下情况下，人们应该去进行艾滋病病毒检测：

1. 有过不安全性行为者（如婚外性行为、性伴侣多、男性同性性行为等）。

2. 与他人共用注射器静脉吸毒者。

3. 既往有偿卖血者（到非法采血点卖血）。

4. 怀疑接受过不洁输血，使用过未经严格消毒的针具注射的人。

5. 艾滋病高发地区的孕产妇。

6. 感染艾滋病病毒的母亲所生的婴儿。

7. 艾滋病病毒感染者和病人的配偶、子女。

8. 有某种持续发生、原因不明的疾病症状者。

以下机构可以提供免费的艾滋病自愿咨询和抗体初筛检测，并有热线电话提供咨询：

1. 我国县级以上疾病预防控制机构、性病防治机构。

2. 各省级卫生行政部门指定的医疗和妇幼保健机构。

世界卫生组织把每年的 12 月 1 日定为“世界艾滋病日”，以号召全世界人民行动起来，共同对抗艾滋病，每年还有一个专门的主题。

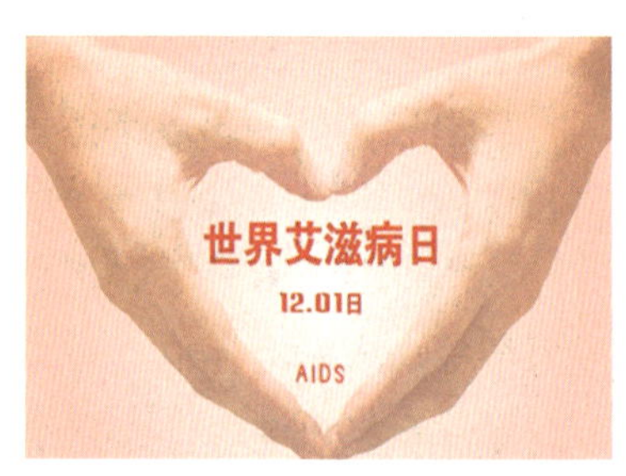

艾滋病可以治疗吗？

尽管目前艾滋病还不能治愈，但还是可以治疗的，艾滋病患者应该针对症状，及时地、积极地接受治疗，如得了肺炎，就要及时把肺炎治好；得了感冒，要抓紧把感冒治好。而且，目前已经有了抗病毒治疗方法，尽管不能完全消灭体内的艾滋病病毒，但可以有效抑制它的繁殖。这样就可以大大延长艾滋病病毒感染者的寿命。

艾滋病病毒感染者会立即死亡吗？

感染了艾滋病病毒的人不会立即死亡。潜伏期越长，艾滋病病毒感染者的生命也越长。所以，感染了艾滋病病毒的人，千万不要自暴自弃，而是要想方设法延缓发病，只要没有进入发病期，艾滋病病毒携带者就能和正常人一样生活、工作。

红丝带——关注艾滋病防治问题的国际性标志。

红丝带，像一条纽带，将世界人民紧紧联系在一起，共同抗击艾滋病；红丝带，象征着我们对艾滋病患者和艾滋病病毒感染者的关心与支持，象征着我们对生命的热爱和对和平的渴望，象征着我们要用“心”来参与预防艾滋病的工作。

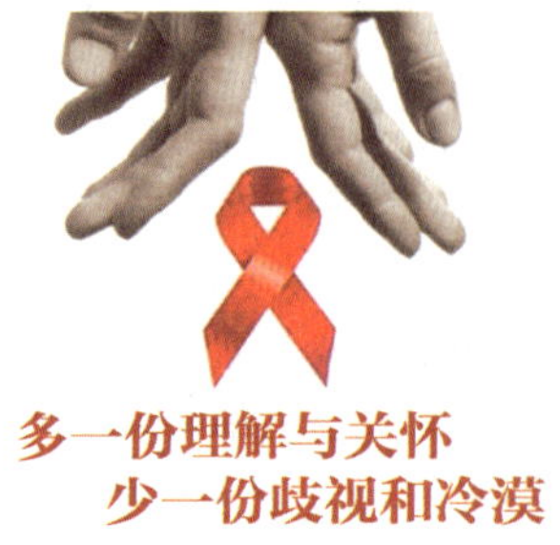

【结语】尽管目前还没有有效的预防艾滋病的疫苗，但艾滋病是可以预防的，而且科学研究已证实，艾滋病病毒的传播与人类的行为密切相关，所以只要接受预防艾滋病的健康教育，选择健康的生活方式，培养健康的行为，就可以切断艾滋病的传播途径。

第二节　别再谈“艾”色变

心海导航

小雨是王芳的好朋友，也是同桌。她发现最近王芳有点怪，已经九月，还戴着口罩和长手套，看见哪里脏一点，就要使劲擦半天，连小雨向她借块橡皮都犹豫半天。这天小雨终于忍不住了，在小雨的一再追问下，王芳才道出实情。原来，王芳妈妈的单位在组织员工进行体检的时候，查出有个员工感染了艾滋病病毒，这个人和王芳妈妈经常有接触。妈妈回家告诉王芳艾滋病病毒已经在我们身边了，让家里每个人出门都要“全副武装”，说这样可以预防艾滋病。

小雨听完王芳的话笑了，王芳奇怪地问道：“你笑什么？难道我戴着口罩和手套预防艾滋病，这样做不对吗？”

王芳的恐慌是由于在日常生活中对传播艾滋病病毒的行为了解不足以及对艾滋病的恐惧心理无限放大造成的，只有足够了解安全的日常行为和防范措施才能消除心里的恐惧，才能以正确的心态对待艾滋病和艾滋病患者。

心灵智慧

一、将艾滋病病毒隔离在生活之外

上一节中说到了艾滋病的传播途径，现在我们进一步了解一下你的行为是否将艾滋病病毒隔离在你的生活之外。

1. 不会感染艾滋病病毒的行为

艾滋病病毒非常脆弱，对外界环境的抵抗力较弱，离开人体后，在常温下存活时间很短。艾滋病病毒感染者及艾滋病患者的唾液、泪液、汗液、尿液中病毒含量极低，不足以传播。因此，与他们在以下日常生活和工作中接触不会感染艾滋病病毒：在生活和工作中的一般接触，如握手、拥抱、礼节性接吻、共同进餐，共用学习用品、劳动用具、办公用品、马桶圈、卫生间、电话、卧具、餐具、钱币等生活用品；共用游泳池、公共浴池等公共设施；蚊虫叮咬、咳嗽、打喷嚏。

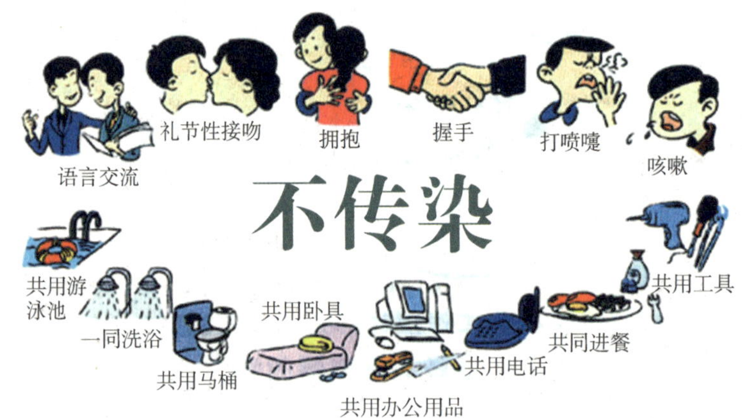

2. 日常生活中不确定感染的行为

不确定感染的行为是指根据不同情况，可能感染也可能不感染的行为，要学会识别和加以注意。日常生活中，不确定感染的行为主要有以下几种：

（1）帮助受伤流血的人。当你在帮助正在流血的人时，一定要注意避免与流血者的血液直接接触，可以戴上橡胶手套或用一叠纸巾覆盖手部。如果你身体的某部位已经接触到患者的血液，应立即用肥皂、漂白剂和清水清洗干净。因为如果流血者感染了艾滋病病毒，而此时你与他血液接触的身体部位有破损，那么你就极有可能被传染。

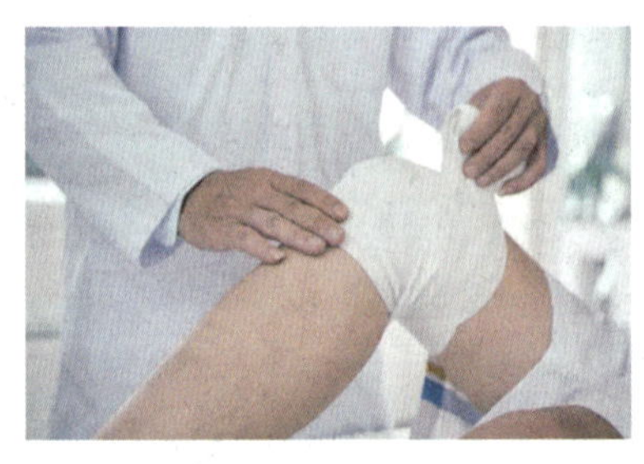

（2）照顾艾滋病患者。艾滋病患者并没有那么可怕，在照顾艾滋病患者时，只要没有体液的交换就是安全的。也就是说，不让艾滋病患者的血液、精液、阴道分泌物、乳汁进入到你的体内，就不会被感染。

（3）深吻。当双方的口腔黏膜都没有破损，并且彼此的唾液没有流出混合时，深吻是安全的；否则，就是不安全的。

（4）握手。通常，握手没有传播艾滋病病毒的危险，但如果双方的手均有伤口，那么握手时就存在一定的风险。当然，如果双方都确认没有感染艾滋病病毒，那么即使有伤口的手相握，也没有危险。

3. 日常生活中的高危行为

所谓高危行为，是指有被艾滋病病毒感染的高度危险行为。具体的高危行为有如下几种：

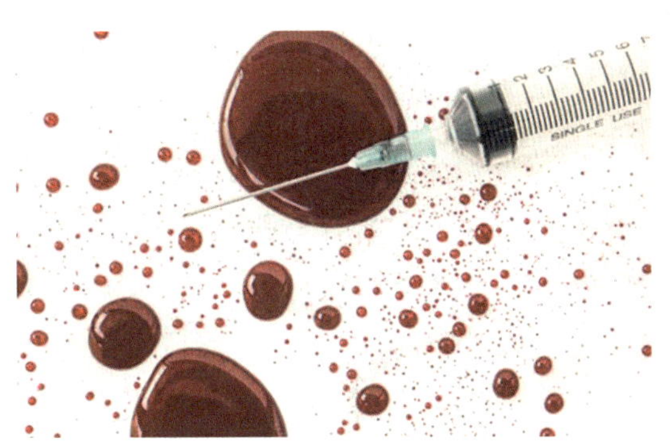

（1）性途径。如不安全性行为、有多个性伴侣等。

（2）血液途径。如静脉注射吸毒，使用未经规范消毒的针头、注射器或其他刺破皮肤和黏膜的器具，使用未经检测的血液或血制品，有偿采供血等。

（3）母婴途径。感染艾滋病病毒的女性怀孕并生育，感染艾滋病病毒的母亲给婴儿哺乳等。

二、正视艾滋病，爱惜自己

据中国疾控中心、联合国艾滋病规划署、世界卫生组织联合评估，截至 2018 年底，我国估计存活艾滋病感染者约 125 万人。与其他国家相比，我国艾滋病疫情处于低流行水平，但病情分布不均衡。

目前，我国输血传播基本阻断，母婴传播得到有效控制。近五年的数据显示，在 15～24 岁人群中，通过性传播感染艾滋病的占到 96%。感染艾滋病病毒的男女学生性别比是 11∶1。

学生群体艾滋病感染率连年增长的原因：一方面，年轻人受到的诱惑越来越多。在中学阶段有较大的学业压力，大学阶段少了父母和老师的督促，学生面对开放环境本身就无所适从。另一方面，社会对于性的开放程度越来越高，导致疾病传播率增加。不管性取向如何，年龄大的总是希望找年龄小的作伴侣。因此，校园中的学生就成为新目标，自然成为新感染群体。处于青春期的我们，远离艾滋病要从自身做起，拒绝诱惑，学会爱惜自己。

1. 避免不洁性行为

艾滋病病毒是通过性接触、血液和母婴三种途径传播的。艾滋病病毒感染者及艾滋病患者的血液、精液、阴道分泌物、乳汁、伤口渗出液中含有大量艾滋病病毒，具有很强的传染性。艾滋病病毒可通过性交的方式在男女之间和男性之间传播。性伴侣越多，感染艾滋病病毒的危险就越大。

2. 严禁吸毒

吸毒与艾滋病就像一对孪生兄弟。吸毒者在毒瘾发作时，往往来不及也根本没有条件对器具进行消毒，一根针管在他们之间传来传去，或互相注射，艾滋病病毒便通过残存在针头、针管中的血液传播。

3. 切断血液传播

避免不必要的注射、输血和使用血液制品。不要借用或共用牙刷、剃须刀、刮脸刀等个人用品。进行打耳洞、补牙、美容等任何人体的侵入性操作，请到具备严格消毒条件的正规医疗机构。

4. 正确使用安全套

使用质量合格的安全套，可大大减少艾滋病病毒感染和传播的危险。

三、消除偏见，传递爱心

2020 年春天的新型冠状病毒肺炎疫情，引起了人们对传染病的关注和重视。其实，从危害性及对社会的影响上看，艾滋病病毒远甚于新型冠状病毒。目前，全球已经有 7 000 万人感染艾滋病病毒，其中 2 800 万人已经死去。每年 12 月 1 日是世界艾滋病宣传日，在这样一个日子，我们会重新认识艾滋病、积极预防艾滋病。作为一位普通人，能为艾滋病患者和艾滋病病毒感染者做些什么呢？如果不能提供物质方面的援助，至少我们可以平等地看待他们。

1. 放下冷漠，冷漠比病毒更可怕

中国艾滋病患者及艾滋病病毒感染者，超过 95％的人仍然处于“地下”状态，不能得到有效治疗。除了公共性的医疗检查没有达到预期目的的原因之外，艾滋病患者及艾滋病病毒感染者本身的心理困境，也是导致他们不愿直面社会的重要原因。

冷漠造成了最为残酷的心理迫害，一些艾滋病患者被自己的家庭排斥在外。在河北，一位成年男性被确诊患有艾滋病，他的妻子和父母都拒绝他居住在家里，也拒绝帮助他治疗，因为“自己得病就算了，不能再传染给家人”。

对艾滋病患者和艾滋病病毒感染者给予心理救助越来越成为一个社会问题。值得庆幸的是，在北京市佑安医院的“爱心家园”和地坛医院的“红丝带之家”，艾滋病患者得以生活在一个理性、平静的世界之中，这些被众多专家称赞的医院除了拥有国内较好的专业医疗能力之外，尤以能对患者以礼相待著称。

2. 放下恐惧，以平常心对待

把你知道的科学知识宣传出去，人们对艾滋病的成见太深，需要一点点地消化。艾滋病防治是全民的责任，应该全民参与，在参与中提高认识。我们不能只在每年的

12 月 1 日即艾滋病宣传日对艾滋病加以重视，对艾滋病患者和艾滋病病毒感染者加以关怀，而应该将其作为我们日常生活的内容。

3. 放下偏见，让理解进入心灵

艾滋病本身并不可怕，可怕的是对艾滋病的无知和偏见，以及对艾滋病患者和艾滋病病毒感染者的歧视。我们应该给予艾滋病患者和艾滋病病毒感染者更多的宽容和理解，给他们营造一个平等生存的社会环境。

心理视角

正常交友，一人染艾滋传染 16 人

某高校大一学生小林去酒吧感染艾滋病病毒后浑然不知。从大一到大三，她分别交往了四位男朋友，因为种种原因都分手了。这四位男朋友后来又分别交往了三位女朋友，这三位女朋友后来又分别交往了四位男朋友……两年半后，小林在大三上学期发病确诊，疾控部门顺藤摸瓜，共查出 16 名感染者。

小林崩溃了，一切就像一场梦，她对疾控部门工作人员说：“我真不知道我是感染者，我们相恋、分手，都属于正常交友，我们都无心伤害谁。最让我接受不了的不是染上艾滋病的痛苦，而是无心伤害了 16 个人以及 16 个家庭。”

【感悟】随着交友、婚恋观念的开放和未婚同居行为的增多，小林的故事绝不是个例。学校群体中只要有一个艾滋病病毒携带的“种子”，就不能避免艾滋病群体爆发的可能性。这种传播模式被专家称为“葡萄串”现象，总体是一大串，分枝上又各自有一串，一串套一串。所以在交友过程中要保护好自己，不要过早地接触或发生性行为。

七十多岁防“艾”志愿者 13 年关爱帮助数千名艾滋病患者

1942 年出生，已经七十多岁的宋勇是江苏省电力公司退休的普通干部。2005 年，宋勇从一位朋友那里得知了艾滋病患者的真实生活经历，也见到了这名饱受艾滋病折磨而痛苦不堪的年轻人。因为身患艾滋病，这名年轻人不仅被单位开除，还要忍受着社会上投来的歧视目光，以及难以向家人启齿的精神苦楚。也就在那个时刻，宋勇决定从事防治艾滋病志愿者的工作，于是他来到苏州疾控中心报名，成为江苏彩虹工作组苏州组的一位防治艾滋病志愿者，这一坚持就是 13 年。这 13 年里，被宋勇发现送检治疗、进行心理疏导的患者已有数千例。

为了更好、更多地帮助到艾滋病患者，宋勇会和志愿者队伍定期去酒吧、会所等娱乐场所，也会去大学做防“艾”宣传，让年轻人正确认识艾滋病，做到早发现早治疗。针对近年来艾滋病患者低龄化、扩大化的趋势，他更是时刻感到防“艾”工作的重要性和身上的重任，2016年由他发起成立并注册了防“艾”红丝带服务工作组的民间公益组织，到目前为止，这个组织有60多名志愿者参与志愿服务，其中有在校的大学生、酒店老板、退休人员等。

对待艾滋病患者，宋勇总能以宽大的胸怀无私地帮助和关爱他们，为他们提供人性化关怀和服务，让他们重新鼓起生活的勇气。他是患者心中的知心老大哥，他的手机24小时都开机，因为随时会有患者找到他，有的和他诉苦，有的向他咨询用药，有的就想和他说说话。无论患者提出什么要求，他都会耐心给予解答和提供帮助。

如今宋勇是苏州防“艾”志愿者团队中年龄最大的一个，在他从事防“艾”工作的13年里，他忙碌而充实。“我觉得最大的收获是和患者之间的交流，这不同于一般业务上的交流，当我在和他们分享我的知识时，他们反馈给我的往往是对我的信任，这种信任很难得，也很宝贵，因为患者已把我当作是他们的朋友，他们知道，我是为了他们的生命和健康才会说这些话。所以，关爱他们，帮助他们，我会一直做下去的。”宋勇感慨地说道。

【感悟】艾滋病患者现在在社会中处于弱势地位，不仅遭受着身体上的痛楚，还有社会上的不理解和歧视的目光，我们要放下恐惧、冷漠和偏见，在我们力所能及的范围内奉献我们的一份爱心；同时将自己了解的知识宣传出去，让更多的人理解他们。

趣味测试

测试你平时的日常行为习惯是否会增加感染艾滋病病毒的概率。请根据题目做出是或否的判断，“是”记2分，“否”记1分。

1. 他人用受伤的手帮你挤痘痘。
2. 打了吸过血的蚊子之后触碰食物。
3. 去小诊所打针未使用一次性注射器。
4. 好奇心驱使下随意触碰已使用的注射器及其他医用废品。
5. 手上有伤口时不戴手套接触其他受伤的人。
6. 使用他人的毛巾或内裤等私人用品。

7. 身体有伤口的时候去泡澡或去大浴池。

8. 打耳洞时未使用一次性耳钉机。

9. 喜欢文身且经常文身。

10. 与他人共用牙刷、剃须（刮胡）刀。

参考答案：

10～12 分：

你平时的日常行为习惯很好，比较注重个人卫生，会注意到一些日常的小细节，从而保护自己，增加安全性，减少了被病毒感染的概率。

13～20 分：

你不太细心，对自己的私人用品不是太在意，好奇心过重会使你被病毒感染的概率大大增加，希望你在生活中遇事谨慎一点、做事细心一点，只有这样才能在日常生活中更好地保护自己。

知识拓展

1. 如果你身体健康

无论男女，无论有无发生过性关系，请从现在开始洁身自爱，婚前不要发生性行为，婚后忠诚，不要有多位性伴侣。

2. 面对艾滋恐慌你需要以下“心理处方”

（1）避免大脑“过载”。你需要适当控制自己对信息的摄取，放下手机、关上电脑和电视机，让大脑清空一下信息及情绪“过载”。冥想、听音乐、画画都是不错的选择。

（2）保持谨慎而不恐惧。谨慎，采取专家推荐的个人防控措施，如正确使用安全用品等；不恐惧，则是在谨慎的基础上，不要过于紧张。毕竟，对于多数人而言，被艾滋病病毒感染的概率是较低的；更重要的是，恐惧不能保护自己不被感染。

（3）避免疑病。有的人容易接受负面消息的消极暗示，过分关注身体的微妙变化，比如普通的咽炎、低热、皮疹、普通腹泻等，并将各种不舒服与艾滋病联系起来。越是对比症状就越觉得像是艾滋病，精神越是紧张，躯体的不适感就越是被放大，对自我产生强烈的心理暗示，于是陷入“疑病→焦虑→身体不适→焦虑加剧”的死循环中。

如果出现了低热或疑似艾滋病的症状，首先看看这些症状在多大程度上与艾滋病的症状相似。然后，仔细考虑是否有过高危行为。如果症状较重，或者确定有过高危行为，则应及时到国家指定的医疗机构接受检测和诊断。

3. 如果你患了艾滋病

（1）切记心态非常重要，良好的心态是最好的药。很多艾滋病患者都是自己吓自己，焦虑会加速自己的死亡。心态良好与否可以在很大程度上决定艾滋病患者是否能再存活 2 年、5 年、10 年甚至 20 年。

（2）国家积极采取各项措施防治艾滋病。其中，“四免一关怀”是行之有效的措施。一免：对农村居民和城镇未参加基本医疗保险等医疗保障制度的经济困难人员中的艾滋病患者免费提供抗病毒治疗药物。二免：为自愿接受艾滋病咨询检测的人员免费提供咨询和初筛检测。三免：为感染艾滋病病毒的孕妇提供咨询及免费母婴阻断治疗。四免：对艾滋病患者遗孤实行免费的义务教育。一关怀：将符合救助条件的艾滋病病毒感染者和艾滋病患者以及因艾滋病致孤儿童和老人纳入政府救助范围，按照国家有关规定给予他们必要的生活救助。这些措施都实际解决了许多因为艾滋病及其后遗效应造成的问题。